Design
Notebook
of Learning

学びの
デザインノート

MH式ポートフォーリオ 大学英語学習者用

村上裕美 著 Hiromi Murakami

ナカニシヤ出版

学 部 名	
学 科 名	
受講科目名	
学籍番号	
氏　　名	
担当教員名	
連 絡 先	
研 究 室	

本書の使用にあたって

　学習者の皆さん

　本書は，大学生の皆さんそれぞれが専門の道に進まれる過程で，より効果的に英語の学習効果を上げ，成長してくださることを願いデザインしました。

　著者は長年，大学生の皆さんがこれまで学んできた英語がなかなか身に着かなかったり，使えないでいることに悩んでいることに直面してきました。英語学習の効果を上げるには学習者自身が自分を正確に分析し，補うことが必要な項目を効果的に学習する必要があります。その助けとなるように著者はこれまで多くの学習用シートを作成し，担当する学生に講義で配布し，活用してきました。そしてより効果を高めるために各シートを1冊のポートフォリオにまとめました。

　本書は著者が講義時に使用してきたものですが，学習を終えた時，皆さんの先輩方がこの様なポートフォリオがあればもっと早い時期から効果的に自分の目標を見つめ，効果的に学習できたと思うので，是非もっと広く活用してもらいたいとの声を沢山寄せられたことから，公開することにしました。

　本書は，今学期（今年）の英語に関する個々人の学習目標に合わせてその成果を確認しながら英語力を高める力強いパートナーとなることでしょう。英語の学習だけが目的ではなく，この1冊のポートフォリオを使用することにより自己管理力，自己分析力，計画性と実効性を高め，自己内省を促す成果を伴います。これらの資質は皆さんが大学を終えて実社会に出るうえで必要とされる資質ですが，自然とポートフォリオの使用を通して習得することができます。

　ほんの一例をあげましょう。英語検定試験2級を高校時代から何度受験しても合格できなかった学生A君は，自分は頭が悪いと思い込んでいました。でも，このポートフォリオを使用して，自分の弱点を見つけ，過去の検定対策を振り返った時，自分で改善するべきことにたくさん気づきました。その日から，検定試験まで弱点を克服する計画を立て，合格を目指して3ヶ月間努力を重ねました。見事2級に合格したのち，次は学習法と計画的に学習する力も習得して，自力で半年後に英検準1級に合格しました。頭が悪いのではなくやり方や要領が悪かったことに気付き，自信とやる気をさらに高めて，その後も各種検定に挑戦し，合格しています。

　このように，このポートフォリオは自分の無限の力を引き出す機会になります。自分の目標に向かって着実に進み，未来を切り開きましょう！　本著は常に学習者の傍に寄り添い，ともに考え，可能性を探るパートナーとなります。上手くパートナーシップを発揮するかは皆さんに委ねられています。皆さんに何か語りかけているかもしれません。心の耳を澄まして成長へのアドバイスを聴いてください。

本書を個人でお使いくださる方は，使い方がわからない等，お困りの場合は

themurakamis@yahoo.co.jp

にご連絡ください。

　使用してくださる，お一人お一人の成長と可能性が開花することをポートフォリオに託し，お届けします。「志あるところに道は開けます。成功するも諦めるも自分が出す結果です。」それならば，成功の扉を自分の力で開きましょう。思い立った日からスタートです！　遅すぎることは決してありません。若い力を活かして，可能性を信じて，夢を実現しましょう。心から応援しています。

2012 年 1 月 31 日

村上裕美

先生方へ

　本書は自律した英語学習者を育て，英語学習効果を高める目的でデザインした内省型ポートフォリオ（MH 式ポートフォリオ英語学習者用）です。あえて手書きで記録をつけることにより，学習者のメタ認知効果に働きかけ，自分の学習に計画性と責任を持って学習に当たる自律性を高める狙いです。

　授業等の学習活動において授業内容に適した英語スキルのシートを活用頂き，学習者の成長や気付きを把握することができます。またクラスでのペアワーク教材にも活用いただけます。巻末には提出用の各種シートを添付しています。本書が先生方のご指導の一助となることを切に願っております。なお英語力診断テストを用意していますので，ご採用の際にご希望の先生はご連絡いただければ問題・解答を提供いたします。本書使用に当たってのご質問や使用説明等のご連絡はお名前・ご所属を明記の上，

themurakamis@yahoo.co.jp

までご連絡ください。

　何らかのご事情で本書の転載が必要な時は上記連絡先までご連絡ください。

村上裕美

目　　次

本書の使用にあたって　*i*

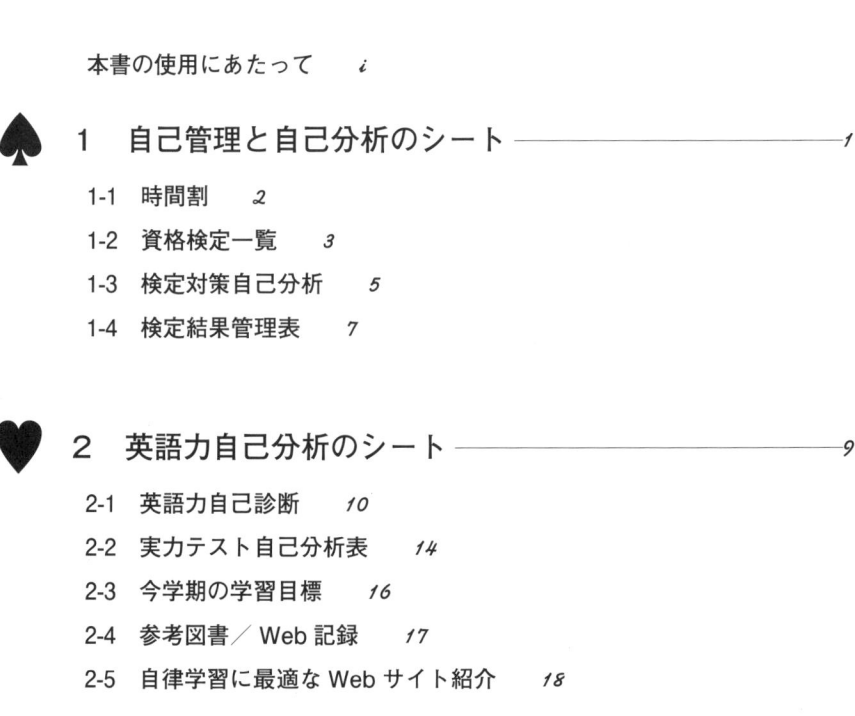

♠ 1　自己管理と自己分析のシート ——————————— *1*

1-1　時間割　*2*

1-2　資格検定一覧　*3*

1-3　検定対策自己分析　*5*

1-4　検定結果管理表　*7*

♥ 2　英語力自己分析のシート ——————————— *9*

2-1　英語力自己診断　*10*

2-2　実力テスト自己分析表　*14*

2-3　今学期の学習目標　*16*

2-4　参考図書／ Web 記録　*17*

2-5　自律学習に最適な Web サイト紹介　*18*

♣ 3　英語力向上計画と自己管理 ——————————— *19*

3-1　自習学習実行確認表　*20*

3-2　文法学習記録　*26*

3-3　Reading 学習記録　*28*

3-4　Writing 学習記録　*30*

3-5　音読・Listening 学習記録　*32*

3-6　Vocabulary 学習記録　*34*

♦ 4　講義の自己管理シート ——————————— *37*

4-1　シラバス確認Ⅰ　*38*

4-2　講義記録Ⅰ　*39*

4-3　提出物・小テスト管理Ⅰ　*41*

4-4　シラバス確認Ⅱ　*43*

4-5　講義記録Ⅱ　*44*

4-6 提出物・小テスト管理Ⅱ　*46*

4-7 シラバス確認Ⅲ　*48*

4-8 講義記録Ⅲ　*49*

4-9 提出物・小テスト管理Ⅲ　*51*

4-10 Tweet してみよう！：前期　*53*

4-11 Tweet してみよう！：後期　*56*

♠ **5　英語スキル別学習シート：内省**

ⅰ Reading シート ————————————————————————*59*

5-1 シートＡ：英文の読み取りの正確さを確認しようⅠ　*60*

5-2 シートＢ：理由別に分類Ⅰ　*61*

5-3 シートＡ：英文の読み取りの正確さを確認しようⅡ　*62*

5-4 シートＢ：理由別に分類Ⅱ　*63*

5-5 シートＡ：英文の読み取りの正確さを確認しようⅢ　*64*

5-6 シートＢ：理由別に分類Ⅲ　*65*

5-7 シートＡ：英文の読み取りの正確さを確認しようⅣ　*66*

5-8 シートＢ：理由別に分類Ⅳ　*67*

ⅱ Writing シート ————————————————————————*69*

5-9 シートＡ：自分の英作を記入するⅠ　*70*

5-10 シートＢ：自己分析シートⅠ　*73*

5-11 シートＣ：構成力チェックシートⅠ　*74*

5-12 シートＤ：確認項目チェックシートⅠ　*75*

5-13 シートＡ：自分の英作を記入するⅡ　*76*

5-14 シートＢ：自己分析シートⅡ　*79*

5-15 シートＣ：構成力チェックシートⅡ　*80*

5-16 シートＤ：確認項目チェックシートⅡ　*81*

5-17 シートＡ：自分の英作を記入するⅢ　*82*

5-18 シートＢ：自己分析シートⅢ　*85*

5-19 シートＣ：構成力チェックシートⅢ　*86*

5-20 シートＤ：確認項目チェックシートⅢ　*87*

5-21 シートＡ：自分の英作を記入するⅣ　*88*

5-22　シートＢ：自己分析シートⅣ　*91*

5-23　シートＣ：構成力チェックシートⅣ　*92*

5-24　シートＤ：確認項目チェックシートⅣ　*93*

iii　オーラルスキルのシート —————————————*95*

5-25　Listening 確認シートＡⅠ　*96*

5-26　Listening 確認シートＢⅠ　*97*

5-27　Listening 確認シートＡⅡ　*98*

5-28　Listening 確認シートＢⅡ　*99*

5-29　Listening 確認シートＡⅢ　*100*

5-30　Listening 確認シートＢⅢ　*101*

5-31　Listening 確認シートＡⅣ　*102*

5-32　Listening 確認シートＢⅣ　*103*

5-33　Speaking 確認シートＡⅠ　*104*

5-34　Speaking 確認シートＢⅠ　*105*

5-35　Speaking 確認シートＡⅡ　*106*

5-36　Speaking 確認シートＢⅡ　*107*

5-37　Speaking 確認シートＡⅢ　*108*

5-38　Speaking 確認シートＢⅢ　*109*

5-39　Speaking 確認シートＡⅣ　*110*

5-40　Speaking 確認シートＢⅣ　*111*

5-41　プレゼンテーション準備シートＡⅠ　*112*

5-42　プレゼンテーション準備シートＢⅠ　*113*

5-43　プレゼンテーション準備シートＣⅠ　*114*

5-44　プレゼンテーション準備シートＡⅡ　*116*

5-45　プレゼンテーション準備シートＢⅡ　*117*

5-46　プレゼンテーション準備シートＣⅡ　*118*

5-47　プレゼンテーション準備シートＡⅢ　*120*

5-48　プレゼンテーション準備シートＢⅢ　*121*

5-49　プレゼンテーション準備シートＣⅢ　*122*

5-50　プレゼンテーション準備シートＡⅣ　*124*

5-51　プレゼンテーション準備シートＢⅣ　*125*

5-52　プレゼンテーション準備シートＣⅣ　*126*

♥ 6 社会性と意見構築のシート ────────────── 129

6-1 新聞記事記録Ⅰ *130*

6-2 新聞記事記録Ⅱ *131*

6-3 読書記録Ⅰ *132*

6-4 読書記録Ⅱ 133

♣ 7 内省と計画のシート ─────────────── 135

7-1 半期を振り返って *136*

7-2 一年を振り返って *137*

7-3 今年度の自分へ *138*

7-4 次年度の目標 ＊今年の反省を来年に活かしましょう！ *138*

◆ 8 付 録 ──────────────────── 139

8-1 夏季 / 冬季課題 *140*

8-2 課題取り組み計画 *140*

8-3 夏季 / 冬季課題実行確認Ⅰ *141*

8-4 夏季 / 冬季課題実行確認Ⅱ *143*

8-5 提出用 Tweet のシートⅠ *145*

8-6 提出用 Tweet のシートⅡ *147*

1

自己管理と
自己分析のシート

- ここでは，今年受講する講義について自己責任を持つように時間割管理を記録しましょう。
- 講義開始時間や講義名・教室など大切な情報を記録しましょう。
- また，単位修得の意識をチェック表で確認しましょう。
- 今年取得する資格試験について今から計画を立て，英語学習の成果を上げるようにしましょう。
- 関心がある検定情報等を調べて記録しましょう。

1-1 時間割

♥ 20 年度 時間割

前期

時限	月曜日	火曜日	水曜日	木曜日	金曜日	土曜日
1限 ：～：	教室	教室	教室	教室	教室	教室
2限 ：～：	教室	教室	教室	教室	教室	教室
3限 ：～：	教室	教室	教室	教室	教室	教室
4限 ：～：	教室	教室	教室	教室	教室	教室
5限 ：～：	教室	教室	教室	教室	教室	教室

後期

時限	月曜日	火曜日	水曜日	木曜日	金曜日	土曜日
1限 ：～：	教室	教室	教室	教室	教室	教室
2限 ：～：	教室	教室	教室	教室	教室	教室
3限 ：～：	教室	教室	教室	教室	教室	教室
4限 ：～：	教室	教室	教室	教室	教室	教室
5限 ：～：	教室	教室	教室	教室	教室	教室

1　自己管理と自己分析のシート

1-2 資格検定一覧

♥英語技能 A：資格有効期限は生涯

国連英語検定	実用英語検定
●申込期間と方法	●申込期間と方法
●検定日（1 次／ 2 次）	●検定日（1 次／ 2 次）
●受験会場	●受験会場
●受験料	●受験料
●参考書	●参考書
観光英語検定	日商ビジネス英語検定
●申込期間と方法	●申込期間と方法
●検定日（1 次／ 2 次）	●検定日（1 次／ 2 次）
●受験会場	●受験会場
●受験料	●受験料
●参考書	●参考書

♣英語技能 B：資格有効期限があるもの

TOEIC	TOEFL
●申込期間と方法	●申込期間と方法
●検定日（1次／2次）	●検定日（1次／2次）
●受験会場	●受験会場
●受験料	●受験料
●参考書	●参考書
秘書検定試験*（A）	その他（　　　　　）
●申込期間と方法	●申込期間と方法
●検定日（1次／2次）	●検定日（1次／2次）
●受験会場	●受験会場
●受験料	●受験料
●参考書	●参考書

●秘書検定は英語の問題もあります。企業が評価する検定の一つです。また，国際秘書検定（英語）もあります。

1　自己管理と自己分析のシート　　5

1-3　検定対策自己分析

◆受験した検定試験名：_____

＊過去の受験した検定名や級　　　　　　　　　＊受験年月日

♠自己分析

文法問題（語彙問題）

●対策の反省点：

●次回の対策：

整序問題（整序問題）

●対策の反省点：

●次回の対策：

長文問題

●対策の反省点：

●次回の対策：

リスニング問題

●対策の反省点：

●次回の対策：

♥試験対策のうえでの反省点と今後の取り組み計画 ─────

文法問題（語彙問題）

●対策の反省点：

●次回の対策：

整序問題（整序問題）

●対策の反省点：

●次回の対策：

長文問題

●対策の反省点：

●次回の対策：

リスニング問題

●対策の反省点：

●次回の対策：

◉過去の対策を反省して合格につながる対策をたてよう！

1-4 検定結果管理表

♣履歴書に記載できるように正式名称・取得年月日を記録しよう。

受 験 日	検定名称・級	判定・Score

◆履歴書に記載できるように正式名称・取得年月日を記録しよう。

受験日	検定名称・級	判定・Score

2 英語力
自己分析の
シート

- ここでは，現時点での自身の英語能力をしっかり分析してみましょう。
- 英語力自己診断シートに正直に記入しましょう。今はすべて「いいえ」でも構いません。今学期の終了時の成長を楽しみにしましょう。
- 実力テストは点数にこだわらないでいいのですよ。「何がわからないか」を見つけるための検査だと思ってください。学習が必要とわかった項目を学習しましょう。そのための計画を立て，シートに記録しましょう。
- 講義だけでは学習が足りないと思う方に，自習学習を助ける有益な無料の Web サイトの情報を掲載しています。有効活用してください。学習内容を各技能別シートに記録して学習の足跡を残しましょう。充実感が UP しますよ！

2-1 英語力自己診断

♠文法の理解

●使用する語の意味がわからない時は実力試験を先に解き 14-15 ページに記入しましょう。

	現在の自身の英語力を診断	中間期の診断	学期終了時の診断
1	●文法全般を理解している はい ・ おおむね ・ いいえ	はい ・ おおむね ・ いいえ	はい ・ おおむね ・ いいえ
2	●文型を理解している はい ・ おおむね ・ いいえ	はい ・ おおむね ・ いいえ	はい ・ おおむね ・ いいえ
3	●文の種類を理解している はい ・ おおむね ・ いいえ	はい ・ おおむね ・ いいえ	はい ・ おおむね ・ いいえ
4	●動詞の種類を理解している はい ・ おおむね ・ いいえ	はい ・ おおむね ・ いいえ	はい ・ おおむね ・ いいえ
5	●時制を理解している はい ・ おおむね ・ いいえ	はい ・ おおむね ・ いいえ	はい ・ おおむね ・ いいえ
6	●完了時制を理解している はい ・ おおむね ・ いいえ	はい ・ おおむね ・ いいえ	はい ・ おおむね ・ いいえ
7	●助動詞を理解している はい ・ おおむね ・ いいえ	はい ・ おおむね ・ いいえ	はい ・ おおむね ・ いいえ
8	●態を理解している はい ・ おおむね ・ いいえ	はい ・ おおむね ・ いいえ	はい ・ おおむね ・ いいえ
9	●不定詞を理解している はい ・ おおむね ・ いいえ	はい ・ おおむね ・ いいえ	はい ・ おおむね ・ いいえ
10	●動名詞を理解している はい ・ おおむね ・ いいえ	はい ・ おおむね ・ いいえ	はい ・ おおむね ・ いいえ
11	●分詞を理解している はい ・ おおむね ・ いいえ	はい ・ おおむね ・ いいえ	はい ・ おおむね ・ いいえ
12	●比較を理解している はい ・ おおむね ・ いいえ	はい ・ おおむね ・ いいえ	はい ・ おおむね ・ いいえ
13	●関係詞を理解している はい ・ おおむね ・ いいえ	はい ・ おおむね ・ いいえ	はい ・ おおむね ・ いいえ
14	●仮定法を理解している はい ・ おおむね ・ いいえ	はい ・ おおむね ・ いいえ	はい ・ おおむね ・ いいえ
15	●疑問詞を理解している はい ・ おおむね ・ いいえ	はい ・ おおむね ・ いいえ	はい ・ おおむね ・ いいえ
16	●否定を理解している はい ・ おおむね ・ いいえ	はい ・ おおむね ・ いいえ	はい ・ おおむね ・ いいえ
17	●話法を理解している はい ・ おおむね ・ いいえ	はい ・ おおむね ・ いいえ	はい ・ おおむね ・ いいえ

2　英語力 自己分析の シート

	現在の自身の英語力を診断	中間期の診断	学期終了時の診断
18	●名詞構文を理解している はい ・ おおむね ・ いいえ	はい ・ おおむね ・ いいえ	はい ・ おおむね ・ いいえ
19	●無生物主語を理解している はい ・ おおむね ・ いいえ	はい ・ おおむね ・ いいえ	はい ・ おおむね ・ いいえ
20	●強調を理解している はい ・ おおむね ・ いいえ	はい ・ おおむね ・ いいえ	はい ・ おおむね ・ いいえ
21	●倒置を理解している はい ・ おおむね ・ いいえ	はい ・ おおむね ・ いいえ	はい ・ おおむね ・ いいえ
22	●挿入を理解している はい ・ おおむね ・ いいえ	はい ・ おおむね ・ いいえ	はい ・ おおむね ・ いいえ
23	●省略を理解している はい ・ おおむね ・ いいえ	はい ・ おおむね ・ いいえ	はい ・ おおむね ・ いいえ
24	●不定代名詞を理解している はい ・ おおむね ・ いいえ	はい ・ おおむね ・ いいえ	はい ・ おおむね ・ いいえ
25	●一致を理解している はい ・ おおむね ・ いいえ	はい ・ おおむね ・ いいえ	はい ・ おおむね ・ いいえ
26	●接続詞を理解している はい ・ おおむね ・ いいえ	はい ・ おおむね ・ いいえ	はい ・ おおむね ・ いいえ

♥ Reading 力

	現在の自身の英語力を診断	中間期の診断	学期終了時の診断
1	● Main idea を読み取れる はい ・ おおむね ・ いいえ	はい ・ おおむね ・ いいえ	はい ・ おおむね ・ いいえ
2	●パラグラフの役割を理解できる はい ・ おおむね ・ いいえ	はい ・ おおむね ・ いいえ	はい ・ おおむね ・ いいえ
3	●情報を整理して読める はい ・ おおむね ・ いいえ	はい ・ おおむね ・ いいえ	はい ・ おおむね ・ いいえ
4	●書き手の主張を理解できる はい ・ おおむね ・ いいえ	はい ・ おおむね ・ いいえ	はい ・ おおむね ・ いいえ
5	●内容を正しく理解できる はい ・ おおむね ・ いいえ	はい ・ おおむね ・ いいえ	はい ・ おおむね ・ いいえ
6	●いつも設問に正確に答えられる はい ・ おおむね ・ いいえ	はい ・ おおむね ・ いいえ	はい ・ おおむね ・ いいえ
7	●毎日英文を読んでいる はい ・ おおむね ・ いいえ	はい ・ おおむね ・ いいえ	はい ・ おおむね ・ いいえ

♣ Writing 力

	現在の自身の英語力を診断	中間期の診断	学期終了時の診断
1	●単語の意味を調べて使用する はい ・ おおむね ・ いいえ	はい ・ おおむね ・ いいえ	はい ・ おおむね ・ いいえ
2	●単語の使い方を確認する はい ・ おおむね ・ いいえ	はい ・ おおむね ・ いいえ	はい ・ おおむね ・ いいえ
3	●態を考えている はい ・ おおむね ・ いいえ	はい ・ おおむね ・ いいえ	はい ・ おおむね ・ いいえ
4	●時制を考えている はい ・ おおむね ・ いいえ	はい ・ おおむね ・ いいえ	はい ・ おおむね ・ いいえ
5	●名詞の種類を意識している はい ・ おおむね ・ いいえ	はい ・ おおむね ・ いいえ	はい ・ おおむね ・ いいえ
6	●助動詞を選んでいる はい ・ おおむね ・ いいえ	はい ・ おおむね ・ いいえ	はい ・ おおむね ・ いいえ
7	●文の種類を考えている はい ・ おおむね ・ いいえ	はい ・ おおむね ・ いいえ	はい ・ おおむね ・ いいえ
8	●接続詞を選んでいる はい ・ おおむね ・ いいえ	はい ・ おおむね ・ いいえ	はい ・ おおむね ・ いいえ
9	●書くジャンルを意識している はい ・ おおむね ・ いいえ	はい ・ おおむね ・ いいえ	はい ・ おおむね ・ いいえ
10	● Main idea を書いている はい ・ おおむね ・ いいえ	はい ・ おおむね ・ いいえ	はい ・ おおむね ・ いいえ
11	●パラグラフ構成を考えている はい ・ おおむね ・ いいえ	はい ・ おおむね ・ いいえ	はい ・ おおむね ・ いいえ
12	●英文を毎日書いている はい ・ おおむね ・ いいえ	はい ・ おおむね ・ いいえ	はい ・ おおむね ・ いいえ

♦ Listening および Speaking 力

	現在の自身の英語力を診断	中間期の診断	学期終了時の診断
1	●リスニングが得意だ はい ・ おおむね ・ いいえ	はい ・ おおむね ・ いいえ	はい ・ おおむね ・ いいえ
2	●リスニングに問題はない はい ・ おおむね ・ いいえ	はい ・ おおむね ・ いいえ	はい ・ おおむね ・ いいえ
3	●聞くスピードは問題ない はい ・ おおむね ・ いいえ	はい ・ おおむね ・ いいえ	はい ・ おおむね ・ いいえ
4	●聞くジャンルに問題ない はい ・ おおむね ・ いいえ	はい ・ おおむね ・ いいえ	はい ・ おおむね ・ いいえ

2 英語力 自己分析の シート

	現在の自身の英語力を診断	中間期の診断	学期終了時の診断
5	●毎日リスニングをしている はい ・ おおむね ・ いいえ	はい ・ おおむね ・ いいえ	はい ・ おおむね ・ いいえ
6	●毎日英語を音読している はい ・ おおむね ・ いいえ	はい ・ おおむね ・ いいえ	はい ・ おおむね ・ いいえ
7	●発音／イントネーションに自信がある はい ・ おおむね ・ いいえ	はい ・ おおむね ・ いいえ	はい ・ おおむね ・ いいえ
8	●発音記号が読め，音が出せる はい ・ おおむね ・ いいえ	はい ・ おおむね ・ いいえ	はい ・ おおむね ・ いいえ
9	●毎日英語で話す機会がある はい ・ おおむね ・ いいえ	はい ・ おおむね ・ いいえ	はい ・ おおむね ・ いいえ

♠語彙力

	現在の自身の英語力を診断	中間期の診断	学期終了時の診断
1	●会話や英作で充分表現できる語彙 力がある はい ・ おおむね ・ いいえ	はい ・ おおむね ・ いいえ	はい ・ おおむね ・ いいえ
2	●語の使い方や結びつきのルールを 理解している はい ・ おおむね ・ いいえ	はい ・ おおむね ・ いいえ	はい ・ おおむね ・ いいえ
3	●語彙力を伸ばす対策をしている はい ・ おおむね ・ いいえ	はい ・ おおむね ・ いいえ	はい ・ おおむね ・ いいえ
4	●既習語のジャンルは豊富である はい ・ おおむね ・ いいえ	はい ・ おおむね ・ いいえ	はい ・ おおむね ・ いいえ
5	●ディベート等で自己主張するに充 分な語彙力がある はい ・ おおむね ・ いいえ	はい ・ おおむね ・ いいえ	はい ・ おおむね ・ いいえ
6	●読み取りに充分な語彙力がある はい ・ おおむね ・ いいえ	はい ・ おおむね ・ いいえ	はい ・ おおむね ・ いいえ
7	●聞き取りに十分な語彙力がある はい ・ おおむね ・ いいえ	はい ・ おおむね ・ いいえ	はい ・ おおむね ・ いいえ
8	●語彙のレベルを上げている はい ・ おおむね ・ いいえ	はい ・ おおむね ・ いいえ	はい ・ おおむね ・ いいえ

●ここで気づいた弱点を対策の頁で克服するよう計画を立てましょう。 「おおむね」は「いいえ」と考えましょう。

2-2 実力テスト自己分析表

♥実施日（　　　　　　　　）

文法項目	問題数	正解数	対　策
問題 1　動詞と時制			
問題 2　完了形			
問題 3　助動詞			
問題 4　態			
問題 5　不定詞			
問題 6　動名詞			
問題 7　分詞			
問題 8　比較			
問題 9　関係詞			
問題 10　否定			
問題 11　話法			
問題 12　名詞構文・無生物 　　　　主語			

2 英語力 自己分析の シート　　15

文法項目	問題数	正解数	対　策
問題 13　強調・倒置・挿入・省略・同格			
問題 14　副詞			
問題 15　前置詞			
問題 16　英作 / 名詞 　　　　　英作 / 名詞・冠詞 　　　　　英作 / 仮定法			
問題 17　長文読み取り 　　　　　語彙力			
問題 18 〜 問題 20 　ライテイング 　語彙力			

学籍番号 氏名	問題総数	正 解 数	今学期の学習目標
リスニング力：(使用検定級等：　　　　　　　) 正解数： スピーキング力：話したテーマ 「　　　　　　　　　　　　　　　　　　」 流暢に話せる ・ やや情報が欠ける ・ 言葉が出にくい 受講科目 (　　　　　　　　　　　　　)			

◉ 10-13 ページに記入した英語力確認のチェック項目と比較してみよう！　弱点を見つけたら右上の今学期の目標に書き入れて学習しよう。
◉ このテストには入っていませんが，リスニング力は検定等の問題を解いて自分の現在の実力を測定しましょう。スピーキング力は，何の準備もせず「自己紹介」，「将来の夢」，「日本について誇りに思うこと」などを語ってみましょう。論理的に説明できるか判定してもらいましょう。また書き取ったり録音して文の量や誤り等を分析しましょう。
◉ 次のページ以降の学習計画に弱点克服の計画を記入しましょう。

2-3　今学期の学習目標

♣実力テスト結果を踏まえて学習の必要な項目を分析しましょう

習得できていない文法項目	
使用テキスト /web	学習予定時期

習得できていない語彙の分野と対策	
使用テキスト /web	学習予定時期

読み取り力強化対策	
使用テキスト /web	学習予定時期

ライテイング力強化対策	
使用テキスト /web	学習予定時期

リスニング力強化対策	
使用テキスト /web	学習予定時期

スピーキング力強化対策	
使用テキスト /web	学習予定時期

◉無料の学習効果を上げる web サイトがたくさんあります。活用しましょう。

2　英語力 自己分析 の シート　　17

2-4 　参考図書／ Web 記録

◆講義担当の先生方から紹介された図書や Web サイトを記録し活用しよう！

効果が期待できる分野	図書名／ Web サイト	金　額

●検定対策等の参考書なども記録しましょう。

2-5 自律学習に最適な Web サイト紹介

♠英語能力向上の一助となる効果的な無料学習サイトを紹介します

TOEIC 等の検定用 Listening 対策

- Elllo　URL：http://www.elllo.org/apu/home.htm
☞インタビューやニュースなど豊富なタイプの英語の映像をスクリプトや設問と提供
- Business English Pod　URL：http://www.businessenglishpod.com/learningcenter2/
☞ Podcast 式で日替わりで様々なビジネスシーンの英語が学べるサイト

留学の Listening 対策

- VOA Learning English　URL：http://www1.voanews.com/learningenglish/home/
☞アメリカの英語を母語としない人のためのニュースで聞きやすく文化や歴史も学べる

TOEFL 対策

- SAT　URL：http://sat.collegeboard.com/home
☞ TOEFL 対策に有益な問題が各セクションごとに揃っているサイト

ライテイング力強化対策

- Reuters Oddly Enough News　URL：http://www.reuters.com/news/oddlyEnough
☞バラエティ一豊かな分野のニュースを楽しく読むことが出来るサイト
- 毎日1分！　英字新聞　URL：http://www.ka-net.com/magazine.html
☞登録すればほぼ毎日短い英文ニュースと解説が配信されるサイト

リスニング力強化対策

- English as a Second Language Podcast　URL：http://www.eslpod.com/website/index_new.html
☞簡単な日常会話表現を Podcast で学ぶことが出来るお勧めサイト

スピーキング力強化対策

- CNN.com International　URL：http://edition.cnn.com/?fbid=Pra-EyZq386
☞世界各国のジャンル豊かなニュースが音声や映像とともに学べるサイト
- One Look dictionary　URL：http://www.onelook.com/
☞串刺し辞書で，調べた語が英英辞典に記載されている全ての辞書で検索できる
- 英文法大全　URL: http://www.eibunpou.net/
☞文法項目別に検索でき例文と解説もあり，文法書として活用できるサイト

参照：『自律学習を支援するインターネット・コンテンツ紹介』2009 年度日本メディア英語学会メディア英語教授法・教材研究分科会

3 英語力向上計画と自己管理

● ここでは，自分で診断した英語力を伸ばす取組みを，各種シートに記録し可視化します。

● 1週間，一ヶ月などの目標を実行確認表に記録し1年間の取組みを認識しましょう。

● 英語の技能別学習記録シートには弱点克服のために実行した内容を記録し，目標に向けて進んでいることを確認しましょう。

● 自分で学習法や内容をデザインし，実行することで自律した学習者に成長します。

3-1 自習学習実行確認表

学習内容：＿＿＿＿＿＿＿＿＿＿＿＿＿＿＿＿＿＿＿＿＿＿

♠（　　　　　　）月――――――――――――――――

●計画を実行できた日は自分で決めた印を記入したりシールを貼りましょう。

1	2	3	4	5	6	7
8	9	10	11	12	13	14
15	16	17	18	19	20	21
22	23	24	25	26	27	28
29	30	31				

♥（　　　　　　）月――――――――――――――――

1	2	3	4	5	6	7
8	9	10	11	12	13	14
15	16	17	18	19	20	21
22	23	24	25	26	27	28
29	30	31				

3 英語力向上計画と 自己管理

学習内容：_____

♣ (   ) 月────────────────────────────

●計画を実行できた日は自分で決めた印を記入したりシールを貼りましょう。

1	2	3	4	5	6	7
8	9	10	11	12	13	14
15	16	17	18	19	20	21
22	23	24	25	26	27	28
29	30	31				

◆ (   ) 月────────────────────────────

1	2	3	4	5	6	7
8	9	10	11	12	13	14
15	16	17	18	19	20	21
22	23	24	25	26	27	28
29	30	31				

学習内容：＿＿＿＿＿＿＿＿＿＿＿＿＿＿＿＿＿＿＿＿＿＿

♠（　　　　　　　　）月＿＿＿＿＿＿＿＿＿＿＿＿＿＿

●計画を実行できた日は自分で決めた印を記入したりシールを貼りましょう。

1	2	3	4	5	6	7
8	9	10	11	12	13	14
15	16	17	18	19	20	21
22	23	24	25	26	27	28
29	30	31				

♥（　　　　　　　　）月＿＿＿＿＿＿＿＿＿＿＿＿＿＿

1	2	3	4	5	6	7
8	9	10	11	12	13	14
15	16	17	18	19	20	21
22	23	24	25	26	27	28
29	30	31				

3 英語力向上計画と 自己管理

学習内容：＿＿＿＿＿＿＿＿＿＿＿＿＿＿＿＿＿＿＿＿＿＿＿＿

♣ （　　　　　　）月＿＿＿＿＿＿＿＿＿＿＿＿＿＿＿＿＿

●計画を実行できた日は自分で決めた印を記入したりシールを貼りましょう。

1	2	3	4	5	6	7
8	9	10	11	12	13	14
15	16	17	18	19	20	21
22	23	24	25	26	27	28
29	30	31				

♦ （　　　　　　）月＿＿＿＿＿＿＿＿＿＿＿＿＿＿＿＿＿

1	2	3	4	5	6	7
8	9	10	11	12	13	14
15	16	17	18	19	20	21
22	23	24	25	26	27	28
29	30	31				

学習内容：_____

♠ （　　　　　　　）月

●計画を実行できた日は自分で決めた印を記入したりシールを貼りましょう。

1	2	3	4	5	6	7
8	9	10	11	12	13	14
15	16	17	18	19	20	21
22	23	24	25	26	27	28
29	30	31				

♥ （　　　　　　　）月

1	2	3	4	5	6	7
8	9	10	11	12	13	14
15	16	17	18	19	20	21
22	23	24	25	26	27	28
29	30	31				

3 英語力向上計画と 自己管理　25

学習内容：＿＿＿＿＿＿＿＿＿＿＿＿＿＿＿＿＿＿＿＿＿＿＿＿＿

♣ （　　　　　）月 ―――――――――――――――――――――

◉計画を実行できた日は自分で決めた印を記入したりシールを貼りましょう。

1	2	3	4	5	6	7
8	9	10	11	12	13	14
15	16	17	18	19	20	21
22	23	24	25	26	27	28
29	30	31				

◆ （　　　　　）月 ―――――――――――――――――――――

1	2	3	4	5	6	7
8	9	10	11	12	13	14
15	16	17	18	19	20	21
22	23	24	25	26	27	28
29	30	31				

3-2 文法学習記録

♠学習記録をつけてみましょう

日　付	学習する文法項目	使用教材
1		
2		
3		
4		
5		
6		
7		
8		
9		
10		
11		
12		
13		
14		
15		

★ 成果は出ていますか？　効果を検討してみましょう。

◉文法は解説を読むだけではなく，たくさん問題を解き，英文を読むことが大切ですよ。

3　英語力向上計画と 自己管理　27

♥学習記録をつけてみましょう

日　付	学習する文法項目	使用教材
16		
17		
18		
19		
20		
21		
22		
23		
24		
25		
26		
27		
28		
29		
30		

★ 学習効果は出ましたか？　学習頻度・内容・量等を分析してみましょう。

3-3 Reading 学習記録

♣学習記録をつけてみましょう

日　付	読んだ英文のジャンル・英文のタイトル	ページ数
1		
2		
3		
4		
5		
6		
7		
8		
9		
10		
11		
12		
13		
14		
15		

★ 成果は出ていますか？　読み取りの正確さが高まっているか効果を検討してみましょう。

◉簡単に思える英文レベルから少しずつ難しいレベルに上げていきましょう。

3　英語力向上計画と 自己管理

◆学習記録をつけてみましょう

日　付	読んだ英文のジャンル・英文のタイトル	ページ数
16		
17		
18		
19		
20		
21		
22		
23		
24		
25		
26		
27		
28		
29		
30		

★ 学習効果は出ましたか？　学習頻度・内容・量等を分析してみましょう。

◉お気に入りのジャンルばかり読んでいませんか？　苦手なジャンルにも挑戦しましょう。

3-4 Writing 学習記録

♠学習記録をつけてみましょう

日　付	書いた英文のジャンル・タイトル・語数	使用した資料
1		
2		
3		
4		
5		
6		
7		
8		
9		
10		
11		
12		
13		
14		
15		

★ 成果は出ていますか？　作文の正確さや論理性が高まっているか効果を検討してみましょう。

3 英語力向上計画と 自己管理

♥学習記録をつけてみましょう

日　　付	書いた英文のジャンル・タイトル・語数	使用した資料
16		
17		
18		
19		
20		
21		
22		
23		
24		
25		
26		
27		
28		
29		
30		

★ 学習効果は出ましたか？　学習頻度・伝えたい事が書けているか等を分析してみましょう。

◉アカデミック・ライテイングの書き方は身につきましたか？　英文のタイプを学んで使い分けましょう。

3-5 音読・Listening 学習記録

♣学習記録をつけてみましょう

日　付	音読またはリスニング対策実施内容	実施時間（分）
1		
2		
3		
4		
5		
6		
7		
8		
9		
10		
11		
12		
13		
14		
15		

★成果は出ていますか？　効果を検討してみましょう。

● Listening 力はただ聞くだけでは効果が上がりません。聞いた音声のイントネーションや発音をまねて声に出して音読しよう。

3 英語力向上計画と 自己管理

◆学習記録をつけてみましょう

日　付	音読またはリスニング対策実施内容	実施時間（分）
16		
17		
18		
19		
20		
21		
22		
23		
24		
25		
26		
27		
28		
29		
30		

★ 学習効果は出ましたか？　学習時間・内容等を分析してみましょう。

◉自己流の音読になっていませんか？　教材の音声をまねて英語本来の音を学びましょう。
◉簡単な英語にひたっていませんか？　徐々にレベルを上げて行きましょう！

3-6 Vocabulary 学習記録

♠学習記録をつけてみましょう

日　付	学習し習得した語彙の記録・語数	使用教材
1		
2		
3		
4		
5		
6		
7		
8		
9		
10		
11		
12		
13		
14		
15		

★成果は出ていますか？　反復練習して記憶できているか効果を確認してみましょう。

◉学習した語を用いて英作したり，声に出して英文を読むなど実用化しましょう。
◉1週間に覚える語数を具体的に決めて目標を設定して，実行しましょう。

3　英語力向上計画と自己管理　35

♥学習記録をつけてみましょう

日　付	学習し習得した語彙の記録・語数	使用教材
1		
2		
3		
4		
5		
6		
7		
8		
9		
10		
11		
12		
13		
14		
15		

★学習効果は出ましたか？　ジャンルのかたよりがないか，ペース等を分析してみましょう。

◉ 1 日 10 語で 1 週間に 70 語覚えるとすると，30 週間で 2100 語覚えることになりますね。毎日の積み重ねは大きな成果となりますね。頑張りましょう！

4 講義の自己管理シート

- ここは，登録した今年度の受講科目について記録するページです。
- 各講義のシラバスを確認し，必要に応じて読み返しましょう。また，毎回の講義進行状況や学習内容の記録をつけて出席管理や課題確認に活用しましょう。
- 課題提出状況や小テスト結果を記録することで，単位修得の意識が高まります。講義数分のシートがあるので有効活用してください。
- Tweet のシートには，1週間ごとに自分の取り組みや学習内容を振り返って自分自身へのメッセージやコメントを書き入れたり，困ったことや先生，授業への気づきなどを自由に記入しましょう。

4-1 シラバス確認 Ⅰ

♠講義シラバス：講義科目名：_____

担当教員名：		研究室： 連絡先：	
講　義　日	講義時間	講　義　室	単　位　数
前期 　　　　　曜日	限	教室	単位
後期 　　　　　曜日	限	教室	単位

講義目標

到達目標

評価法

受講上の注意

使用テキスト

推薦図書／デジタル・コンテンツ

レポート／課題提出先

その他

4 講義の 自己管理 シート

4-2 講義記録 Ⅰ

♥講義科目名：＿＿＿＿＿＿＿＿＿＿＿＿＿＿＿＿＿＿＿＿＿＿

日　　付	講義内容	課題
1		
2		
3		
4		
5		
6		
7		
8		
9		
10		
11		
12		
13		
14		
15		

●欠席や遅刻は単位修得の障害になります。十分気をつけましょう。

♣講義科目名：_____

日　付	講義内容	課題
16		
17		
18		
19		
20		
21		
22		
23		
24		
25		
26		
27		
28		
29		
30		

◉課題や提出物管理はできていますか？　シートを有効活用しましょう。

4 講義の 自己管理 シート

4-3 提出物・小テスト管理 Ⅰ

◆講義科目名：＿＿＿＿＿＿＿＿＿＿＿＿＿＿＿＿＿＿＿＿＿＿＿＿＿

日　付	提出物：実施テスト内容	提出状況（○／×）：評価
1		
2		
3		
4		
5		
6		
7		
8		
9		
10		
11		
12		
13		
14		
15		

●欠席や遅刻は単位修得の障害になります。十分気をつけましょう。

♠講義科目名：＿＿＿＿＿＿＿＿＿＿＿＿＿＿＿＿＿＿＿＿＿＿

日　　付	提出物：実施テスト内容	提出状況（○／×）：評価
16		
17		
18		
19		
20		
21		
22		
23		
24		
25		
26		
27		
28		
29		
30		

4 講義の 自己管理 シート 43

4-4 シラバス確認 Ⅱ

♥講義シラバス：講義科目名：＿＿＿＿＿＿＿＿＿＿＿＿＿＿＿

担当教員名：		研究室： 連絡先：	
講　義　日	講　義時間	講　義　室	単　位　数
前期 　　　　　曜日	限	教室	単位
後期 　　　　　曜日	限	教室	単位

講義目標
到達目標
評価法
受講上の注意
使用テキスト
推薦図書／デジタル・コンテンツ
レポート／課題提出先
その他

4-5 講義記録 Ⅱ

♣講義科目名：＿＿＿＿＿＿＿＿＿＿＿＿＿＿＿＿＿＿＿

日　付	講義内容	課題
1		
2		
3		
4		
5		
6		
7		
8		
9		
10		
11		
12		
13		
14		
15		

●欠席や遅刻は単位修得の障害になります。十分気をつけましょう。

4 講義の 自己管理 シート　　45

◆講義科目名：_____

日　付	講義内容	課題
16		
17		
18		
19		
20		
21		
22		
23		
24		
25		
26		
27		
28		
29		
30		

●課題や提出物管理はできていますか？　シートを有効活用しましょう。

4-6 提出物・小テスト管理 Ⅱ

♠講義科目名：_____

日　付	提出物：実施テスト内容	提出状況（○ / ×）：評価
1		
2		
3		
4		
5		
6		
7		
8		
9		
10		
11		
12		
13		
14		
15		

●欠席や遅刻は単位修得の障害になります。十分気をつけましょう。

4 講義の 自己管理 シート

♥講義科目名：＿＿＿＿＿＿＿＿＿＿＿＿＿＿＿＿＿＿＿＿＿＿＿＿＿＿＿

日　　付	提出物：実施テスト内容	提出状況（○ / ×）：評価
16		
17		
18		
19		
20		
21		
22		
23		
24		
25		
26		
27		
28		
29		
30		

4-7 シラバス確認 Ⅲ

♣講義シラバス：講義科目名：＿＿＿＿＿＿＿＿＿＿＿＿＿＿＿

担当教員名：		研究室： 連絡先：	
講　義　日	講義時間	講　義　室	単　位　数
前期 　　　　　曜日	限	教室	単位
後期 　　　　　曜日	限	教室	単位

講義目標

到達目標

評価法

受講上の注意

使用テキスト

推薦図書／デジタル・コンテンツ

レポート／課題提出先

その他

4　講義の 自己管理 シート

4-8　講義記録 Ⅲ

◆講義科目名：＿＿＿＿＿＿＿＿＿＿＿＿＿＿＿＿＿＿＿＿

日　付	講義内容	課題
1		
2		
3		
4		
5		
6		
7		
8		
9		
10		
11		
12		
13		
14		
15		

●欠席や遅刻は単位修得の障害になります。十分気をつけましょう。

♠講義科目名：＿＿＿＿＿＿＿＿＿＿＿＿＿＿＿＿＿＿＿＿＿＿＿

日　付	講義内容	課題
16		
17		
18		
19		
20		
21		
22		
23		
24		
25		
26		
27		
28		
29		
30		

◉課題や提出物管理はできていますか？　シートを有効活用しましょう。

4 講義の 自己管理 シート

4-9 提出物・小テスト管理 Ⅲ

♥講義科目名：_____

日　付	提出物：実施テスト内容	提出状況（○ / ×）：評価
1		
2		
3		
4		
5		
6		
7		
8		
9		
10		
11		
12		
13		
14		
15		

●欠席や遅刻は単位修得の障害になります。十分気をつけましょう。

♣講義科目名：＿＿＿＿＿＿＿＿＿＿＿＿＿＿＿＿＿＿＿＿＿＿

日　付	提出物：実施テスト内容	提出状況（○ / ×）：評価
16		
17		
18		
19		
20		
21		
22		
23		
24		
25		
26		
27		
28		
29		
30		

4　講義の 自己管理 シート　53

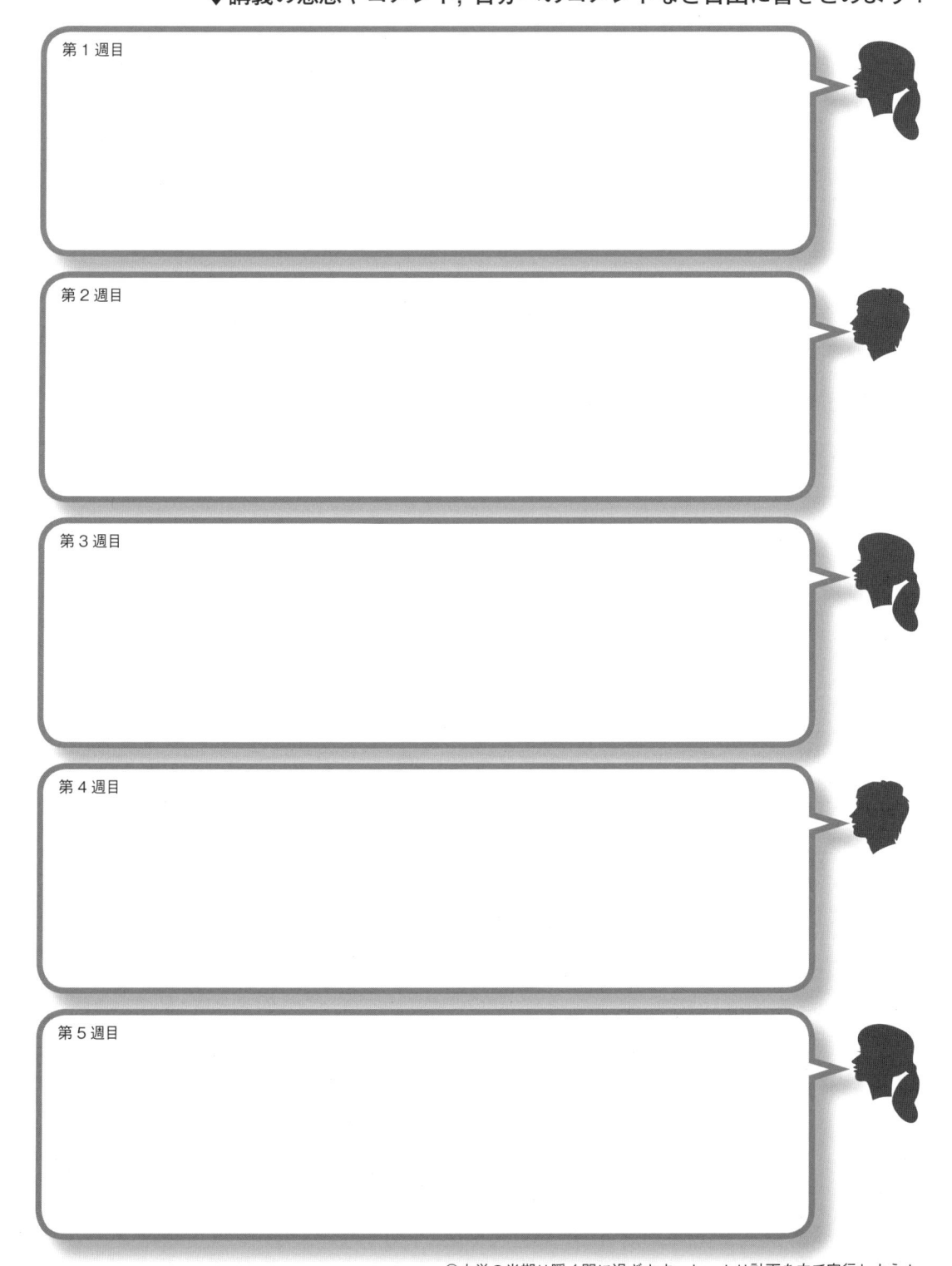

4-10　Tweet してみよう！：前期

◆講義の感想やコメント，自分へのコメントなど自由に書きとめよう！

第1週目

第2週目

第3週目

第4週目

第5週目

◉大学の半期は瞬く間に過ぎます。しっかり計画を立て実行しよう！

♠講義の感想やコメント，自分へのコメントなど自由に書きとめよう！

●前期の 1/3 が終わりました。4 月の目標を再確認しよう！　まだまだこれから！

第 6 週目

第 7 週目

第 8 週目

第 9 週目

第 10 週目

4 講義の 自己管理 シート　55

♥講義の感想やコメント, 自分へのコメントなど自由に書きとめよう！

●ラスト5週間です。テストやレポート対策を考えて計画的に過ごしましょう！

第11週目

第12週目

第13週目

第14週目

第15週目

●次の学期や次年度の過ごし方に目を向けて計画を立てよう！

4-11 Tweet してみよう！：後期

♣講義の感想やコメント，自分へのコメントなど自由に書きとめよう！

第 1 週目

第 2 週目

第 3 週目

第 4 週目

第 5 週目

◉前期の反省を繰り返していませんか。しっかり計画を立てて実行しよう！！

◆講義の感想やコメント，自分へのコメントなど自由に書きとめよう！

●後期の1/3が終わりました。今学期の目標を再確認しよう！　まだまだこれから！

第6週目

第7週目

第8週目

第9週目

第10週目

♠講義の感想やコメント，自分へのコメントなど自由に書きとめよう！

●ラスト5週間です。テストやレポート対策を考えて計画的に過ごしましょう！

第11週目

第12週目

第13週目

第14週目

第15週目

●次年度の過ごし方に目を向けて計画を立てよう！

5

i

英語スキル別
学習シート：内省

Reading シート

● 講義で使用する場合もありますが英語学習内容をスキルごとに自己確認することができるシートが収められています。自分が現在，「何を学ぶ必要があるか？」を見つけだすことができます。予習等に使用することもできます。わからないところを講義で理解できるようにこのシートを利用して，一年間に 30 回しかない講義を有効に受けられる機会にしましょう。

● 学習の仕方一つで効果が大幅に変わります。このシートの使用を通して英語学習が楽しくなることを期待しています。

● まず，Reading のシートです。英文の読み取りの正確さをシートⒶで確認することができます。シートⒷでは読み取れなかったまたは読み誤った英文を理由別に分類します。この作業で読み誤りの原因がわかるので読み取りの正確さが変化します。英文の読み方が変わったり，文法に気付く等の変化が現れます。

5-1　シート④：英文の読み取りの正確さを確認しよう Ⅰ

♠実施日（　　　　　年　　　　月　　　　日）

課　題	Unit No. （　　　　　　　　　　） Title:

所要時間		全体の Words 数	
	時間		語

英文のジャンル（　　　　　　　　　　　　　　　） 読み取りにかかった時間		わからなかった語数	
	時間		語

読みとれなかった文や句

読み誤った文や句

読みとれなかったまたは読み誤った原因

講義で確認したい点

読み取り確認

① main idea を読み取れた　（はい・いいえ）

②各 paragraph の役割を理解できた　（はい・おおむね・いいえ）

③著者の主張が読み取れた　（はい・いいえ・該当しない）

④内容に関する自身の見解を考えた　（はい・いいえ）

⑤メディアリテラシーの見解で考察した　（はい・いいえ）

⑥次回の読み取りの注意点

5 英語スキル別学習シート：内省　　i　Reading シート　　61

5-2　シートⒷ：理由別に分類　Ⅰ

♥シートⒶで見つけた学習が必要な項目を分析しましょう。

☞読み取れなかった英文を下のシートⒷの項目に分類して学習が必要な項目を確認しよう。

文法上の注意が欠けたケース：（副詞・否定・不定代名詞・倒置・省略等）

構文／慣用表現の注意が欠けたケース：（前置詞を含む慣用表現を中心とする）

語彙の品詞や意味の捉え違えにより誤りが生じたケース

●読み取り確認から自分の弱点が見つかります。文法対策を見直しましょう。

5-3　シート④：英文の読み取りの正確さを確認しよう Ⅱ

♣実施日（　　　　　年　　　月　　　日）

課　題	Unit No. (　　　　　　　　　　) Title:

所要時間 　　　　　　　　　　時間	全体の Words 数 　　　　　　　　　　語
英文のジャンル（　　　　　　　　　　） 読み取りにかかった時間 　　　　　　　　　　時間	わからなかった語数 　　　　　　　　　　語

読みとれなかった文や句

読み誤った文や句

読みとれなかったまたは読み誤った原因

講義で確認したい点

読み取り確認

① main idea を読み取れた　（はい・いいえ）

②各 paragraph の役割を理解できた　（はい・おおむね・いいえ）

③著者の主張が読み取れた　（はい・　いいえ・該当しない）

④内容に関する自身の見解を考えた　（はい・いいえ）

⑤メディアリテラシーの見解で考察した　（はい・いいえ）

⑥次回の読み取りの注意点

5　英語スキル別学習シート：内省　　i　Reading シート

5-4　シートⒷ：理由別に分類 Ⅱ

◆シートⒶで見つけた学習が必要な項目を分析しましょう。

☞読み取れなかった英文を下のシートⒷの項目に分類して学習が必要な項目を確認しよう。

文法上の注意が欠けたケース：（副詞・否定・不定代名詞・倒置・省略等）

構文 / 慣用表現の注意が欠けたケース：（前置詞を含む慣用表現を中心とする）

語彙の品詞や意味の捉え違えにより誤りが生じたケース

●読み取り確認から自分の弱点が見つかります。文法対策を見直しましょう。

5-5　シートⒶ：英文の読み取りの正確さを確認しよう Ⅲ

♠実施日（　　　　　年　　　　月　　　　　日）

課　題	Unit No.（　　　　　　　　　） Title:

所要時間	全体の Words 数
時間	語

英文のジャンル（　　　　　　　　　　　　　　　）	わからなかった語数
読み取りにかかった時間　　　　　　　　時間	語

読みとれなかった文や句

読み誤った文や句

読みとれなかったまたは読み誤った原因

講義で確認したい点

読み取り確認

① main idea を読み取れた　（ はい ・ いいえ ）

②各 paragraph の役割を理解できた　（ はい ・ おおむね ・ いいえ ）

③著者の主張が読み取れた　（ はい ・　いいえ ・ 該当しない ）

④内容に関する自身の見解を考えた　（ はい ・ いいえ ）

⑤メディアリテラシーの見解で考察した　（ はい ・ いいえ ）

⑥次回の読み取りの注意点

5 英語スキル別学習シート：内省　　ⅰ Reading シート　　65

5-6　シートⒷ：理由別に分類 Ⅲ

♥シートⒶで見つけた学習が必要な項目を分析しましょう。
☞読み取れなかった英文を下のシートⒷの項目に分類して学習が必要な項目を確認しよう。

文法上の注意が欠けたケース：（副詞・否定・不定代名詞・倒置・省略等）

構文 / 慣用表現の注意が欠けたケース：（前置詞を含む慣用表現を中心とする）

語彙の品詞や意味の捉え違えにより誤りが生じたケース

●読み取り確認から自分の弱点が見つかります。文法対策を見直しましょう。

5-7 シート(A)：英文の読み取りの正確さを確認しよう Ⅳ

♣実施日（　　　年　　　月　　　日）

課　題	Unit No. (　　　　　　　　　　　　) Title:

所要時間	全体の Words 数
時間	語

英文のジャンル（　　　　　　　　　　　　） 読み取りにかかった時間	わからなかった語数
時間	語

読みとれなかった文や句

読み誤った文や句

読みとれなかったまたは読み誤った原因

講義で確認したい点

読み取り確認

① main idea を読み取れた　（はい・いいえ）

②各 paragraph の役割を理解できた　（はい・おおむね・いいえ）

③著者の主張が読み取れた　（はい・　いいえ・該当しない）

④内容に関する自身の見解を考えた　（はい・いいえ）

⑤メディアリテラシーの見解で考察した　（はい・いいえ）

⑥次回の読み取りの注意点

5 英語スキル別学習シート：内省　ⅰ Reading シート　67

5-8　シートⒷ：理由別に分類 Ⅳ

◆シートⒶで見つけた学習が必要な項目を分析しましょう。

☞読み取れなかった英文を下のシートⒷの項目に分類して学習が必要な項目を確認しよう。

文法上の注意が欠けたケース：(副詞・否定・不定代名詞・倒置・省略等)

構文 / 慣用表現の注意が欠けたケース：(前置詞を含む慣用表現を中心とする)

語彙の品詞や意味の捉え違えにより誤りが生じたケース

●読み取り確認から自分の弱点が見つかります。文法対策を見直しましょう。

5

英語スキル別
学習シート：内省

ii

Writing シート

● ここでは 4 種類の Writing 用シートが添付されています。シートⒶは自分の英作を記入するシートです。

● まず，書こうとしていることをメモしましょう。次のページには英文を記入しましょう。

● 作文中に表現に困ったことや自信が持てなかったことを記録します。

● シートⒷはシートⒶで作成した英文を自己診断します。書きっぱなしにしない，読み返し，誤りに自分で気づく機会になります。この習慣が自信を持って作文できるように成長させてくれます。

● シートⒸは誤りの原因を考えることを助けます。何が誤りなのかが理解できれば，次回から同じ誤りを繰り返さなくなります。また，誤った点を文法書で学ぶなどして復習すると，自然と文法の学習になり，英語力の底上げにつながります。3 枚のシートでひと組と考えて下さい。

● シートⒹは作文をするときに，あるいは書き終えたときに，必要最小限度の注意点をチェックするためのシートです。確認してみましょう。

● Writing 力が付くと Speaking 力が上がるだけでなく，Reading 力もあがります。シートを活用して成長しましょう。

5-9 シートⒶ：自分の英作を記入する Ⅰ

♠書こうとしていることをメモしましょう

タイトル：
Word 数：
氏名：
科目：
作成日：

以下の項目を記入しましょう。

① 一番書きたい事（main idea）

② ①の理由や説明の具体的な内容

③ 結論

5 英語スキル別学習シート：内省 ii Writing シート

♥英文を記入しましょう

★作文時に表現に困ったことや困ったことがらを記入しましょう

♣英文を記入しましょう（続き）

★作文時に表現に困ったことや困ったことがらを記入しましょう

5 英語スキル別学習シート：内省　　ii　Writing シート　　73

5-10　シートⒷ：自己分析シート Ⅰ

◆シートⒶで作成した英文を自己分析しましょう──────

	年　　　月　　　日 実施（第　　　回目）

作文テーマ：

取り組み時間　（　　　　　　　）分　　　　　　　　　総 word 数　（　　　　　　）words

sentence 数　（　　　　　　　）文

作文のタイプ

（ ダイアリー ・ スピーチ原稿 ・ コメント ・ 手紙 ・ エッセー ・ アカデミックライティング ）

誤りの修正箇所数　（　　　　　　　）箇所

辞書の使用　（ 有 ・ 無 ）

自分で気づいた誤り　（　　　　　　　）箇所

具体的な誤りの内容：

先生や友達に指摘してもらった誤り　（　　　　　　　）箇所

具体的な誤りの内容：

次回の作文時に気を付けようと思った項目：

このタイプの作文について学んだこと：

Writing 作業時にもっと学習が必要と感じた項目：（例：もっと辞書を調べるべきだった）

5-11 シート©：構成力チェックシート Ⅰ

♠誤りの原因を考えてみましょう

チェック項目（構成）：

・Main idea　（ 有 ・ 無 ）

・Supporting sentences　（ 有 ・ 無 ）

・Conclusion　（ 有 ・ 無 ）

・主張の一貫性　（ 有 ・ 無 ）

・説明文は主張を充分に裏付ける効果的があるか　（ 効果有り ・ 効果無し ）

チェック項目（文法）

・文の種類（ 豊富 ・ やや単調 ・ 単調 ）

・冠詞の正確さ（ 正確 ・ やや不正確がある ・ 不正確が多い ）

・前置詞の正確さ　（ 正確 ・ やや不正確がある ・ 不正確が多い ）

・名詞の扱いの正確さ　（ 加算 ・ 不可算を中心に ）

　（ 正確・ やや不正確がある ・ 不正確が多い ）

動詞の扱いの正確さ

・自動詞・他動詞の使い方　（ 正確 ・ やや不正確がある ・ 不正確が多い ）

・人称や時制　（　正確・ やや不正確がある ・ 不正確が多い ）

・態やコロケーション　（ 正確 ・ やや不正確がある ・ 不正確が多い ）

・接続詞の使用　（ 豊富 ・ やや単調 ・ 単調 ）

主張について

・意見や考えが伝わるか（ よく伝わる ・ だいたいわかる ・ 伝わらない ）

・英文が伝えたい内容になっているか
　（ なっている ・ 一部伝えられていない ・ 全体に伝わらない ）

次回注意する点や学習が必要な点

文法：

構成：

その他：

5 英語スキル別学習シート：内省　　ii　Writing シート　　75

5-12 シートⒹ：確認項目チェックシート Ⅰ

♥英作作業時に以下の項目を確認しよう

◉該当する項目に○または×を記入しましょう。

構成チェック7項目： Passage 全体と Paragraph 構成

① main idea は明確に表現できたか　（　　　　）

② main idea を十分説明する paragraph の構成を考えたか　（　　　　）

③各 paragraph の topic sentence は明確か　（　　　　）

④各 topic sentence を十分説明する supporting sentences を書いたか　（　　　　）

⑤各 paragraph もしくは各 supporting sentence の働きを意識して接続詞などを選択している
　（　　　　）

⑥ concluding sentence は main idea と一致し，主張を十分に行っているか　（　　　　）

⑦文脈のなかに，main idea からそれる，もしくは反対の主張が中心になっている部分のため main
　idea が弱まる箇所はないか　（　　　　）

文法および表現チェック13項目

①使用する単語の本来の意味を確認したか〔英英辞典など〕　（　　　　）

②選んだ語の同義語を調べもっともふさわしい語を選んだか　（　　　　）

③使用する名詞の可算、不可算を調べたか〔冠詞との関係も含めて〕　（　　　　）

④使用する動詞の種類（自動詞・他動詞）を調べたか　（　　　　）

⑤使用する動詞の使い方（後に続く語の品詞やルール）を調べたか　（　　　　）

⑥使用する動詞の時制・態を考えたか　　　　　（　　　　）

⑦文の内容により助動詞が必要であるか考えたか　（　　　　）

⑧使用する副詞の文中の位置を考えたか　　（　　　　）

⑨使用する形容詞の用法（限定・叙述）を調べたか　（　　　　）

⑩使用する代名詞（不定代名詞を含む）の用法を調べたか　（　　　　）

⑪接続詞を効果的に使用しているか　　（　　　　）

⑫文の種類にバリエーションがあるか　　（　　　　）

⑬同一表現や構文を反復使用していないか　　（　　　　）

◉他にも沢山ありますが，最低限度20項目を自己チェックしましょう

5-13 シート@：自分の英作を記入する Ⅱ

♣書こうとしていることをメモしましょう

タイトル：
Word 数：
氏名：
科目：
作成日：
以下の項目を記入しましょう。 ① 一番書きたい事（main idea） ② ①の理由や説明の具体的な内容 ③ 結論

5　英語スキル別学習シート：内省　　ii　Writing シート

◆英文を記入しましょう───────────────

★作文時に表現に困ったことや困ったことがらを記入しましょう

♠英文を記入しましょう（続き）

★作文時に表現に困ったことや困ったことがらを記入しましょう

5 英語スキル別学習シート：内省　ii Writing シート

5-14 シートⒷ：自己分析シート Ⅱ

♥シートⒶで作成した英文を自己分析しましょう

年　　　月　　　日 実施（第　　　回目）

作文テーマ：

取り組み時間　（　　　　　　）分　　　　　　　　総 word 数　（　　　　　　）words

sentence 数　（　　　　　　）文

作文のタイプ

（ ダイアリー ・ スピーチ原稿 ・ コメント ・ 手紙 ・ エッセー ・ アカデミックライティング ）

誤りの修正箇所数　（　　　　　　）箇所

辞書の使用　（ 有 ・ 無 ）

自分で気づいた誤り　（　　　　　　）箇所

具体的な誤りの内容：

先生や友達に指摘してもらった誤り　（　　　　　　）箇所

具体的な誤りの内容：

次回の作文時に気を付けようと思った項目：

このタイプの作文について学んだこと：

Writing 作業時にもっと学習が必要と感じた項目：（例：もっと辞書を調べるべきだった）

5-15 シートⓒ：構成力チェックシート Ⅱ

♣誤りの原因を考えてみましょう

チェック項目（構成）：

・Main idea　（有 ・ 無）

・Supporting sentences　（有 ・ 無）

・Conclusion　（有 ・ 無）

・主張の一貫性　（有 ・ 無）

・説明文は主張を充分に裏付ける効果的があるか　（効果有り ・ 効果無し）

チェック項目（文法）

・文の種類（豊富 ・ やや単調 ・ 単調）

・冠詞の正確さ（正確 ・ やや不正確がある ・ 不正確が多い）

・前置詞の正確さ　（正確 ・ やや不正確がある ・ 不正確が多い）

・名詞の扱いの正確さ　（加算 ・ 不可算を中心に）

　（正確・ やや不正確がある ・ 不正確が多い）

動詞の扱いの正確さ

・自動詞・他動詞の使い方　（正確 ・ やや不正確がある ・ 不正確が多い）

・人称や時制　（正確・ やや不正確がある ・ 不正確が多い）

・態やコロケーション　（正確 ・ やや不正確がある ・ 不正確が多い）

・接続詞の使用　（豊富 ・ やや単調 ・ 単調）

主張について

・意見や考えが伝わるか（よく伝わる ・ だいたいわかる ・ 伝わらない）
・英文が伝えたい内容になっているか
　（なっている ・ 一部伝えられていない ・ 全体に伝わらない）

次回注意する点や学習が必要な点

文法：

構成：

その他：

5　英語スキル別学習シート：内省　　ii　Writing シート

5-16 シート⑩：確認項目チェックシート Ⅱ

◆英作作業時に以下の項目を確認しよう

●該当する項目に○または×を記入しましょう。

構成チェック7項目：　Passage 全体と Paragraph 構成

① main idea は明確に表現できたか　（　　　　）

② main idea を十分説明する paragraph の構成を考えたか　（　　　　）

③各 paragraph の topic sentence は明確か　（　　　　）

④各 topic sentence を十分説明する supporting sentences を書いたか　（　　　　）

⑤各 paragraph もしくは各 supporting sentence の働きを意識して接続詞などを選択している
（　　　　）

⑥ concluding sentence は main idea と一致し，主張を十分に行っているか　（　　　　）

⑦文脈のなかに，main idea からそれる，もしくは反対の主張が中心になっている部分のため main idea が弱まる箇所はないか　（　　　　）

文法および表現チェック13項目

①使用する単語の本来の意味を確認したか〔英英辞典など〕　（　　　　）

②選んだ語の同義語を調べもっともふさわしい語を選んだか　（　　　　）

③使用する名詞の可算、不可算を調べたか〔冠詞との関係も含めて〕　（　　　　）

④使用する動詞の種類（自動詞・他動詞）を調べたか　（　　　　）

⑤使用する動詞の使い方（後に続く語の品詞やルール）を調べたか　（　　　　）

⑥使用する動詞の時制・態を考えたか　　　　（　　　　）

⑦文の内容により助動詞が必要であるか考えたか　（　　　　）

⑧使用する副詞の文中の位置を考えたか　（　　　　）

⑨使用する形容詞の用法（限定・叙述）を調べたか　（　　　　）

⑩使用する代名詞（不定代名詞を含む）の用法を調べたか　（　　　　）

⑪接続詞を効果的に使用しているか　（　　　　）

⑫文の種類にバリエーションがあるか　（　　　　）

⑬同一表現や構文を反復使用していないか　（　　　　）

●他にも沢山ありますが、最低限度20項目を自己チェックしましょう

5-17 シートⒶ：自分の英作を記入する Ⅲ

♠書こうとしていることをメモしましょう

タイトル：

Word 数：

氏名：

科目：

作成日：

以下の項目を記入しましょう。
① 一番書きたい事（main idea）
② ①の理由や説明の具体的な内容
③ 結論

5　英語スキル別学習シート：内省　　ii　Writing シート

♥英文を記入しましょう

★作文時に表現に困ったことや困ったことがらを記入しましょう

♣英文を記入しましょう（続き）

★作文時に表現に困ったことや困ったことがらを記入しましょう

5 英語スキル別学習シート：内省　ii Writing シート　85

5-18　シートⒷ：自己分析シート Ⅲ

◆シートⒶで作成した英文を自己分析しましょう

　　　　　　　　　　　　年　　　月　　　日　実施（第　　　回目）

作文テーマ：

取り組み時間　（　　　　　　）分　　　　　　　　　総 word 数　（　　　　　）words

sentence 数　（　　　　　　）文

作文のタイプ

（ ダイアリー ・ スピーチ原稿 ・ コメント ・ 手紙 ・ エッセー ・ アカデミックライティング ）

誤りの修正箇所数　（　　　　　　）箇所

辞書の使用　（ 有 ・ 無 ）

自分で気づいた誤り　（　　　　　　）箇所

具体的な誤りの内容：

先生や友達に指摘してもらった誤り　（　　　　　　）箇所

具体的な誤りの内容：

次回の作文時に気を付けようと思った項目：

このタイプの作文について学んだこと：

Writing 作業時にもっと学習が必要と感じた項目：（例：もっと辞書を調べるべきだった）

5-19 シートⓒ：構成力チェックシート Ⅲ

♠誤りの原因を考えてみましょう

チェック項目（構成）:

・Main idea 　（ 有 ・ 無 ）

・Supporting sentences 　（ 有 ・ 無 ）

・Conclusion 　（ 有 ・ 無 ）

・主張の一貫性 　（ 有 ・ 無 ）

・説明文は主張を充分に裏付ける効果的があるか 　（ 効果有り ・ 効果無し ）

チェック項目（文法）

・文の種類 （ 豊富 ・ やや単調 ・ 単調 ）

・冠詞の正確さ （ 正確 ・ やや不正確がある ・ 不正確が多い ）

・前置詞の正確さ 　（ 正確 ・ やや不正確がある ・ 不正確が多い ）

・名詞の扱いの正確さ 　（ 加算 ・ 不可算を中心に ）

　（ 正確 ・ やや不正確がある ・ 不正確が多い ）

動詞の扱いの正確さ

・自動詞・他動詞の使い方 　（ 正確 ・ やや不正確がある ・ 不正確が多い ）

・人称や時制 　（ 　正確 ・ やや不正確がある ・ 不正確が多い ）

・態やコロケーション 　（ 正確 ・ やや不正確がある ・ 不正確が多い ）

・接続詞の使用 　（ 豊富 ・ やや単調 ・ 単調 ）

主張について

・意見や考えが伝わるか（ よく伝わる ・ だいたいわかる ・ 伝わらない ）

・英文が伝えたい内容になっているか

　（ なっている ・ 一部伝えられていない ・ 全体に伝わらない ）

次回注意する点や学習が必要な点

文法：

構成：

その他：

5　英語スキル別学習シート：内省　　ii　Writing シート

5-20　シートⒹ：確認項目チェックシート Ⅲ

♥英作作業時に以下の項目を確認しよう

◉該当する項目に○または×を記入しましょう。

構成チェック７項目：　Passage 全体と Paragraph 構成

① main idea は明確に表現できたか　（　　　　　）

② main idea を十分説明する paragraph の構成を考えたか　（　　　　　）

③各 paragraph の topic sentence は明確か　（　　　　　）

④各 topic sentence を十分説明する supporting sentences を書いたか　（　　　　　）

⑤各 paragraph もしくは各 supporting sentence の働きを意識して接続詞などを選択している
　（　　　　　）

⑥ concluding sentence は main idea と一致し，主張を十分に行っているか　（　　　　　）

⑦文脈のなかに，main idea からそれる，もしくは反対の主張が中心になっている部分のため main
　idea が弱まる箇所はないか　（　　　　　）

文法および表現チェック13項目

①使用する単語の本来の意味を確認したか〔英英辞典など〕　（　　　　　）

②選んだ語の同義語を調べもっともふさわしい語を選んだか　（　　　　　）

③使用する名詞の可算、不可算を調べたか〔冠詞との関係も含めて〕　（　　　　　）

④使用する動詞の種類（自動詞・他動詞）を調べたか　（　　　　　）

⑤使用する動詞の使い方（後に続く語の品詞やルール）を調べたか　（　　　　　）

⑥使用する動詞の時制・態を考えたか　　　　　（　　　　　）

⑦文の内容により助動詞が必要であるか考えたか　　（　　　　　）

⑧使用する副詞の文中の位置を考えたか　　　（　　　　　）

⑨使用する形容詞の用法（限定・叙述）を調べたか　　（　　　　　）

⑩使用する代名詞（不定代名詞を含む）の用法を調べたか　（　　　　　）

⑪接続詞を効果的に使用しているか　　　（　　　　　）

⑫文の種類にバリエーションがあるか　　　（　　　　　）

⑬同一表現や構文を反復使用していないか　　（　　　　　）

◉他にも沢山ありますが、最低限度20項目を自己チェックしましょう

5-21 シート④：自分の英作を記入する Ⅳ

♣書こうとしていることをメモしましょう

タイトル：

Word 数：

氏名：

科目：

作成日：

以下の項目を記入しましょう。

① 一番書きたい事（main idea）

② ①の理由や説明の具体的な内容

③ 結論

5 英語スキル別学習シート：内省 ii Writing シート

◆英文を記入しましょう

★作文時に表現に困ったことや困ったことがらを記入しましょう

♠英文を記入しましょう（続き）

★作文時に表現に困ったことや困ったことがらを記入しましょう

5 英語スキル別学習シート：内省 ii Writing シート 91

5-22 シート⑧：自己分析シート Ⅳ

♥シート⑧で作成した英文を自己分析しましょう────

年 月 日 実施（第 回目）

作文テーマ：

取り組み時間 （ ）分 総 word 数 （ ） words

sentence 数 （ ）文

作文のタイプ

（ ダイアリー ・ スピーチ原稿 ・ コメント ・ 手紙 ・ エッセー ・ アカデミックライティング ）

誤りの修正箇所数 （ ）箇所

辞書の使用 （ 有 ・ 無 ）

自分で気づいた誤り （ ）箇所

具体的な誤りの内容：

先生や友達に指摘してもらった誤り （ ）箇所

具体的な誤りの内容：

次回の作文時に気を付けようと思った項目：

このタイプの作文について学んだこと：

Writing 作業時にもっと学習が必要と感じた項目：（例：もっと辞書を調べるべきだった）

5-23 シートⓒ：構成力チェックシート Ⅳ

♣誤りの原因を考えてみましょう

チェック項目（構成）：

- Main idea　（ 有 ・ 無 ）
- Supporting sentences　（ 有 ・ 無 ）
- Conclusion　（ 有 ・ 無 ）
- 主張の一貫性　（ 有 ・ 無 ）
- 説明文は主張を充分に裏付ける効果的があるか　（ 効果有り ・ 効果無し ）

チェック項目（文法）

- 文の種類（ 豊富 ・ やや単調 ・ 単調 ）
- 冠詞の正確さ（ 正確 ・ やや不正確がある ・ 不正確が多い ）
- 前置詞の正確さ　（ 正確 ・ やや不正確がある ・ 不正確が多い ）
- 名詞の扱いの正確さ　（ 加算 ・ 不可算を中心に ）

　（ 正確・ やや不正確がある ・ 不正確が多い ）

動詞の扱いの正確さ

- 自動詞・他動詞の使い方　（ 正確 ・ やや不正確がある ・ 不正確が多い ）
- 人称や時制（　正確・ やや不正確がある ・ 不正確が多い ）
- 態やコロケーション（ 正確 ・ やや不正確がある ・ 不正確が多い ）
- 接続詞の使用（ 豊富 ・ やや単調 ・ 単調 ）

主張について

- 意見や考えが伝わるか（ よく伝わる ・ だいたいわかる ・ 伝わらない ）
- 英文が伝えたい内容になっているか
　（ なっている ・ 一部伝えられていない ・ 全体に伝わらない ）

次回注意する点や学習が必要な点

文法：

構成：

その他：

5　英語スキル別学習シート：内省　　ii　Writing シート　**93**

5-24 シートⒹ：確認項目チェックシート Ⅳ

◆英作作業時に以下の項目を確認しよう

＊該当する項目に○または×を記入しましょう。

構成チェック７項目：　Passage 全体と Paragraph 構成

① main idea は明確に表現できたか　（　　　　）

② main idea を十分説明する paragraph の構成を考えたか　（　　　　）

③各 paragraph の topic sentence は明確か　（　　　　）

④各 topic sentence を十分説明する supporting sentences を書いたか　（　　　　）

⑤各 paragraph もしくは各 supporting sentence の働きを意識して接続詞などを選択している
　（　　　　）

⑥ concluding sentence は main idea と一致し，主張を十分に行っているか　（　　　　）

⑦文脈のなかに, main idea からそれる，もしくは反対の主張が中心になっている部分のため main
　idea が弱まる箇所はないか　（　　　　）

文法および表現チェック13項目

①使用する単語の本来の意味を確認したか〔英英辞典など〕　（　　　　）

②選んだ語の同義語を調べもっともふさわしい語を選んだか　（　　　　）

③使用する名詞の可算、不可算を調べたか〔冠詞との関係も含めて〕　（　　　　）

④使用する動詞の種類（自動詞・他動詞）を調べたか　（　　　　）

⑤使用する動詞の使い方（後に続く語の品詞やルール）を調べたか　（　　　　）

⑥使用する動詞の時制・態を考えたか　　　　　（　　　　）

⑦文の内容により助動詞が必要であるか考えたか　　（　　　　）

⑧使用する副詞の文中の位置を考えたか　　（　　　　）

⑨使用する形容詞の用法（限定・叙述）を調べたか　　（　　　　）

⑩使用する代名詞（不定代名詞を含む）の用法を調べたか　（　　　　）

⑪接続詞を効果的に使用しているか　　（　　　　）

⑫文の種類にバリエーションがあるか　　（　　　　）

⑬同一表現や構文を反復使用していないか　　（　　　　）

＊他にも沢山ありますが、最低限度20項目を自己チェックしましょう

5

**英語スキル別
学習シート：内省**

iii

**オーラルスキルの
シート**

- ここからは、listening, speaking, presentation のオーラル能力のチェックシートです。
- 不得意，苦手意識を持っている人は，このシートを使用して自信をつけましょう。何が苦手の原因かがわかれば，解決し，克服できます。
- 先に紹介した自習用 Web サイトも利用して力を磨きましょう。
- 何もしないでは，変化は起きません！ 取り組む人には必ず変化と成長が見られます。苦手意識は練習とトレーニングで克服できますよ。
- また，近年は企業がプレゼンテーション能力が高い人を求めます。企業の採用が英語の堪能な外国人を好む傾向があることを意識して、しっかり力をつけて就職の門戸を自分の手で開きましょう。

5-25　Listening 確認シート Ⓐ　Ⅰ

♠実施日（　　　　　　年　　　　月　　　　日）

◉ Listening 活動を通して以下の項目をチェックしてみましょう。

課題名	Unit No. (　　　　　　　　　　　) Title:

教材収録時間： 　　　　　　　　　　　分　／　時間	全体の Words 数： 　　　　　　　　　　　語
英文のジャンル（　　　　　　　　　　　） かかった時間： 　　　　　　　　　　　分　／　時間	わからなかった語数： 　　　　　　　　　　　語

聞きとれなかった語や句（カタカナ等で表記してみましょう）：

聞き誤った語や句
聞き取った音：

実際の発音された語や表現：

聞きとれなかったまたは聞き誤った原因：

聞き取り確認

①何を伝えようとしているか聞き取れた　（はい ・ おおむね ・ いいえ ）

②数字などのデータを聞き取れた　（はい ・ おおむね ・ いいえ ）

③聞いた内容を書き取れる　（はい ・ いいえ ・ 一部書き取れない ）

④内容に関する質問に答えられる　（はい ・ おおむね ・ いいえ ）

⑤聞いた内容を自分の言葉で伝えられる　（はい ・ いいえ　）

⑥次回の聞き取りの注意点：

5 英語スキル別学習シート：内省　　iii　オーラルスキルのシート　　97

5-26　Listening 確認シート Ⓑ Ⅰ

♥シートⒶの結果を自己分析しましょう

年　　　月　　　日 実施（第　　　回目）

Unit No.（　　　　　　　　　）
Title：

取り組み時間　（　　　　　　）分　　　　　　　　　　　　　総 word 数　（　　　　　）words
sentence 数　（　　　　　　）文
英文のタイプ　（ 会話 ・ 広告 ・ 説明文 ・ 講義やスピーチ ・ プレゼンテーション ）
聞き誤りの修正箇所数　（　　　　　　　）箇所
辞書によるスペルチェックの有無　（ 有 ・ 無 ）（Dictation の場合）

自分で気づいた誤り　（　　　　　　）箇所

具体的な誤りの内容：

解答や授業で認識した誤り　（　　　　　　）箇所

具体的な誤りの内容：（例：idiom を聞き取れなかった）

今回の Listening で学んだ表現や発音の音：

次回の Listening 時に気を付けようと思った項目：

Listening 作業時にもっと学習が必要と感じたことや成長を感じたこと：（例：もっと聞く回数を増やすべきだった）

5-27 Listening 確認シート Ⓐ Ⅱ

♣実施日（　　　年　　　月　　　日）

◉ Listening 活動を通して以下の項目をチェックしてみましょう。

課題名	Unit No.（　　　　　　　　　） Title:

教材収録時間： 　　　　　　　　　分　／　時間	全体の Words 数： 　　　　　　　　　語
英文のジャンル（　　　　　　　　　　） かかった時間： 　　　　　　　　　分　／　時間	わからなかった語数： 　　　　　　　　　語

聞きとれなかった語や句（カタカナ等で表記してみましょう）：

聞き誤った語や句
聞き取った音：

実際の発音された語や表現：

聞きとれなかったまたは聞き誤った原因：

聞き取り確認

①何を伝えようとしているか聞き取れた　（ はい ・ おおむね ・ いいえ ）

②数字などのデータを聞き取れた　（ はい ・ おおむね ・ いいえ ）

③聞いた内容を書き取れる　（ はい ・ いいえ ・ 一部書き取れない ）

④内容に関する質問に答えられる　（ はい ・ おおむね ・ いいえ ）

⑤聞いた内容を自分の言葉で伝えられる　（ はい ・ いいえ ）

⑥次回の聞き取りの注意点：

5 英語スキル別学習シート：内省 iii オーラルスキルのシート

5-28 Listening 確認シートⒷ Ⅱ

◆シートⒶの結果を自己分析しましょう─────────

年　　　月　　　日　実施（第　　　回目）

Unit No.（　　　　　　　　）
Title：

取り組み時間（　　　　　　）分　　　　　　　　　　　　総 word 数（　　　　　　）words
sentence 数（　　　　　　）文
英文のタイプ（ 会話 ・ 広告 ・ 説明文 ・ 講義やスピーチ ・ プレゼンテーション ）
聞き誤りの修正箇所数（　　　　　　）箇所
辞書によるスペルチェックの有無（ 有 ・ 無 ）（Dictation の場合）

自分で気づいた誤り（　　　　　　）箇所

具体的な誤りの内容：

解答や授業で認識した誤り（　　　　　　）箇所

具体的な誤りの内容：（例：idiom を聞き取れなかった）

今回の Listening で学んだ表現や発音の音：

次回の Listening 時に気を付けようと思った項目：

Listening 作業時にもっと学習が必要と感じたことや成長を感じたこと：（例：もっと聞く回数を増やすべきだった）

5-29 Listening 確認シート Ⓐ Ⅲ

♠実施日（　　　　年　　　月　　　日）

◉ Listening 活動を通して以下の項目をチェックしてみましょう。

課題名	Unit No. （　　　　　　　　　） Title:

教材収録時間： 　　　　　　　　　分　／　時間	全体の Words 数： 　　　　　　　　　語
英文のジャンル（　　　　　　　　　　　　） かかった時間： 　　　　　　　　　分　／　時間	わからなかった語数： 　　　　　　　　　語

聞きとれなかった語や句（カタカナ等で表記してみましょう）：

聞き誤った語や句
聞き取った音：

実際の発音された語や表現：

聞きとれなかったまたは聞き誤った原因：

聞き取り確認

①何を伝えようとしているか聞き取れた　（はい・おおむね・いいえ）

②数字などのデータを聞き取れた　（はい・おおむね・いいえ）

③聞いた内容を書き取れる　（はい・いいえ・一部書き取れない）

④内容に関する質問に答えられる　（はい・おおむね・いいえ）

⑤聞いた内容を自分の言葉で伝えられる　（はい・いいえ　）

⑥次回の聞き取りの注意点：

5 英語スキル別学習シート：内省　　iii　オーラルスキルのシート　　*101*

5-30　Listening 確認シート⑧　Ⅲ

♥シート④の結果を自己分析しましょう

		年	月	日　実施　（第		回目）	

Unit No. （　　　　　　　　　　　　　）

Title：

取り組み時間　（　　　　　　　）分　　　　　　　　　　　　　　総 word 数　（　　　　　　　）words

sentence 数　（　　　　　　　）文

英文のタイプ　（ 会話 ・ 広告 ・ 説明文 ・ 講義やスピーチ ・ プレゼンテーション ）

聞き誤りの修正箇所数　（　　　　　　　）箇所

辞書によるスペルチェックの有無　（ 有 ・ 無 ）（Dictation の場合）

自分で気づいた誤り　（　　　　　　　）箇所

具体的な誤りの内容：

解答や授業で認識した誤り　（　　　　　　　）箇所

具体的な誤りの内容：（例：idiom を聞き取れなかった）

今回の Listening で学んだ表現や発音の音：

次回の Listening 時に気を付けようと思った項目：

Listening 作業時にもっと学習が必要と感じたことや成長を感じたこと：（例：もっと聞く回数を増やすべきだった）

5-31 Listening 確認シート Ⓐ Ⅳ

♣実施日 （　　　　　　年　　　　月　　　　日）

◉ Listening 活動を通して以下の項目をチェックしてみましょう。

課題名	Unit No. （　　　　　　　　　　　　　　） Title:

教材収録時間： 　　　　　　　　　　　　　分　／　時間	全体の Words 数： 　　　　　　　　　　　　　　　　語
英文のジャンル（　　　　　　　　　　　　　　） かかった時間： 　　　　　　　　　　　　　分　／　時間	わからなかった語数： 　　　　　　　　　　　　　　　　語

聞きとれなかった語や句（カタカナ等で表記してみましょう）：

聞き誤った語や句
聞き取った音：

実際の発音された語や表現：

聞きとれなかったまたは聞き誤った原因：

聞き取り確認

①何を伝えようとしているか聞き取れた　（ はい ・ おおむね ・ いいえ ）

②数字などのデータを聞き取れた　（ はい ・ おおむね ・ いいえ ）

③聞いた内容を書き取れる　（ はい ・ いいえ ・ 一部書き取れない ）

④内容に関する質問に答えられる　（ はい ・ おおむね ・ いいえ ）

⑤聞いた内容を自分の言葉で伝えられる　（ はい ・ いいえ ）

⑥次回の聞き取りの注意点：

5 英語スキル別学習シート：内省　　iii　オーラルスキルのシート　　103

5-32　Listening 確認シート Ⓑ　Ⅳ

◆シートⒶの結果を自己分析しましょう

年　　　　月　　　　日　実施（第　　　　回目）	

Unit No. （　　　　　　　　　　　）
Title：

取り組み時間　（　　　　　　　）分　　　　　　　　　　総 word 数　（　　　　　　　）words
sentence 数　（　　　　　　　）文
英文のタイプ　（ 会話 ・ 広告 ・ 説明文 ・ 講義やスピーチ ・ プレゼンテーション ）
聞き誤りの修正箇所数　（　　　　　　　）箇所
辞書によるスペルチェックの有無　（ 有 ・ 無 ）（Dictation の場合）

自分で気づいた誤り　（　　　　　　　）箇所

具体的な誤りの内容：

解答や授業で認識した誤り　（　　　　　　　）箇所

具体的な誤りの内容：（例：idiom を聞き取れなかった）

今回の Listening で学んだ表現や発音の音：

次回の Listening 時に気を付けようと思った項目：

Listening 作業時にもっと学習が必要と感じたことや成長を感じたこと：（例：もっと聞く回数を増やすべきだった）

5-33 Speaking 確認シート Ⓐ Ⅰ

♠実施日（　　　　　年　　　月　　　日）────

◉ Speaking 活動を通して以下の項目をチェックしてみましょう。

課題名	Unit No.（　　　　　　　　　　） Title:

所要時間： 　　　　　　　　　分　／　時間	Words 数： 　　　　　　　　　　　　　　　語
英文のジャンル（ 会話 ・ スピーチ ） 取り組み時間： 　　　　　　　　　分　／　時間	言えなかった語数： 　　　　　　　　　　　　　　　語

言えなかった語や句を具体的に書きだそう

言えなかった語や句：

正しい英語表現：

言えなかった表現（決まり表現等）を書きだそう

言えなかった表現：

正しい英語表現：

表現できなかった原因：

発話の確認

①伝えたい内容を話せた　（ はい ・ いいえ ）

②理由を説明出来た　（ はい ・ おおむね ・ いいえ ）

③質問できた　（ はい ・ いいえ ・ 一部表現できない ）

④意見を述べられた　（ はい ・ おおむね ・ いいえ ）

⑤質問に答えられた　（ はい ・ いいえ ）

⑥次回の Speaking の注意点：

5 英語スキル別学習シート：内省　　iii　オーラルスキルのシート　　105

5-34　Speaking 確認シート⑧　I

♥シート④の結果を自己分析しましょう

年　　　　月　　　　日 実施（第　　　　回目）	

Unit No. （　　　　　　　　　　　　　　）
Title：

取り組み時間 （　　　　　　　　）分　　　　　　　　　　　　　総 word 数 （　　　　　　） words
sentence 数 （　　　　　　　　）文
英文のタイプ （ 会話 ・ 自己紹介 ・ 説明 ・ スピーチ ・ プレゼンテーション ）
発話の誤りの修正箇所数 （　　　　　　　）箇所
辞書等による発音チェックの有無 （ 有 ・ 無 ）

自分で気づいた誤り （　　　　　　　）箇所

具体的な誤りの内容：

解答や授業で認識した誤り （　　　　　　　）箇所

具体的な誤りの内容：
（例：過去のことを現在形で話した）

今回の Speaking で学んだ語や表現

次回の Speaking 時に気を付けようと思った項目：

Speaking 作業時にもっと学習が必要と感じたことや成長を感じたこと：
（例：もっと単語を覚える）

5-35 Speaking 確認シート Ⓐ Ⅱ

♣実施日（　　　　年　　　月　　　日）

◉ Speaking 活動を通して以下の項目をチェックしてみましょう。

課題名	Unit No.（　　　　　　　　　　　　　） Title:

所要時間：	Words 数：
分　／　時間	語

英文のジャンル（会話 ・ スピーチ） 取り組み時間：	言えなかった語数：
分　／　時間	語

言えなかった語や句を具体的に書きだそう

言えなかった語や句：

正しい英語表現：

言えなかった表現（決まり表現等）を書きだそう

言えなかった表現：

正しい英語表現：

表現できなかった原因：

発話の確認

①伝えたい内容を話せた　（ はい ・ いいえ ）

②理由を説明出来た　（ はい ・ おおむね ・ いいえ ）

③質問できた　（ はい ・ いいえ ・ 一部表現できない ）

④意見を述べられた　（ はい ・ おおむね ・ いいえ ）

⑤質問に答えられた　（ はい ・ いいえ ）

⑥次回の Speaking の注意点：

5　英語スキル別学習シート：内省　　iii　オーラルスキルのシート　　107

5-36　Speaking 確認シート⑧　Ⅱ

◆シート④の結果を自己分析しましょう

			年	月	日 実施 （第		回目）		

Unit No. （　　　　　　　　　　）
Title：

取り組み時間　（　　　　　　）分　　　　　　　　　　　総 word 数　（　　　　　）words
sentence 数　（　　　　　　）文
英文のタイプ　（ 会話 ・ 自己紹介 ・ 説明 ・ スピーチ ・ プレゼンテーション ）
発話の誤りの修正箇所数　（　　　　　　）箇所
辞書等による発音チェックの有無　（ 有 ・ 無 ）

自分で気づいた誤り　（　　　　　　）箇所

具体的な誤りの内容：

解答や授業で認識した誤り　（　　　　　　）箇所

具体的な誤りの内容：
（例：過去のことを現在形で話した）

今回の Speaking で学んだ語や表現

次回の Speaking 時に気を付けようと思った項目：

Speaking 作業時にもっと学習が必要と感じたことや成長を感じたこと：
（例：もっと単語を覚える）

5-37　Speaking 確認シート Ⓐ　Ⅲ

♠実施日（　　　　　年　　　月　　　日）

● Speaking 活動を通して以下の項目をチェックしてみましょう。

課題名	Unit No. (　　　　　　　　　　) Title:

所要時間： 分 ／ 時間	Words 数： 語
英文のジャンル（会話 ・ スピーチ） 取り組み時間： 分 ／ 時間	言えなかった語数： 語

言えなかった語や句を具体的に書きだそう

言えなかった語や句：

正しい英語表現：

言えなかった表現（決まり表現等）を書きだそう

言えなかった表現：

正しい英語表現：

表現できなかった原因：

発話の確認

①伝えたい内容を話せた　（ はい ・ いいえ ）

②理由を説明出来た　（ はい ・ おおむね ・ いいえ ）

③質問できた　（ はい ・ いいえ ・ 一部表現できない ）

④意見を述べられた　（ はい ・ おおむね ・ いいえ ）

⑤質問に答えられた　（ はい ・ いいえ ）

⑥次回の Speaking の注意点：

5 英語スキル別学習シート：内省　　iii　オーラルスキルのシート　　109

5-38　Speaking 確認シート⒝　Ⅲ

♥シート⒜の結果を自己分析しましょう

年　　　月　　　日　実施（第　　　回目）

Unit No.（　　　　　　　　）
Title：

取り組み時間　（　　　　　）分　　　　　　　　　総 word 数　（　　　　　） words
sentence 数　（　　　　　）文
英文のタイプ　（ 会話 ・ 自己紹介 ・ 説明 ・ スピーチ ・ プレゼンテーション ）
発話の誤りの修正箇所数　（　　　　　）箇所
辞書等による発音チェックの有無　（ 有 ・ 無 ）

自分で気づいた誤り　（　　　　　）箇所

具体的な誤りの内容：

解答や授業で認識した誤り　（　　　　　）箇所

具体的な誤りの内容：
（例：過去のことを現在形で話した）

今回の Speaking で学んだ語や表現

次回の Speaking 時に気を付けようと思った項目：

Speaking 作業時にもっと学習が必要と感じたことや成長を感じたこと：
（例：もっと単語を覚える）

5-39 Speaking 確認シートⒶ Ⅳ

♣実施日（　　　　　年　　　月　　　日）────────

◉ Speaking 活動を通して以下の項目をチェックしてみましょう。

課題名	Unit No. （　　　　　　　　　　） Title:

所要時間： 　　　　　　　　　　分　／　時間	Words 数： 　　　　　　　　　　語
英文のジャンル（ 会話 ・ スピーチ ） 取り組み時間： 　　　　　　　　　　分　／　時間	言えなかった語数： 　　　　　　　　　　語

言えなかった語や句を具体的に書きだそう

言えなかった語や句：

正しい英語表現：

言えなかった表現（決まり表現等）を書きだそう

言えなかった表現：

正しい英語表現：

表現できなかった原因：

発話の確認

①伝えたい内容を話せた　（ はい ・ いいえ ）

②理由を説明出来た　（ はい ・ おおむね ・ いいえ ）

③質問できた　（ はい ・ いいえ ・ 一部表現できない ）

④意見を述べられた　（ はい ・ おおむね ・ いいえ ）

⑤質問に答えられた　（ はい ・ いいえ ）

⑥次回の Speaking の注意点：

5 英語スキル別学習シート：内省　　iii　オーラルスキルのシート

5-40　Speaking 確認シートⒷ　Ⅳ

◆シートⒶの結果を自己分析しましょう

年　　　月　　　日　実施（第　　　回目）

Unit No. （　　　　　　　　　　）
Title：

取り組み時間　（　　　　　　　）分　　　　　　　　　総 word 数　（　　　　　　）words
sentence 数　（　　　　　　　）文
英文のタイプ　（ 会話 ・ 自己紹介 ・ 説明 ・ スピーチ ・ プレゼンテーション ）
発話の誤りの修正箇所数　（　　　　　　　）箇所
辞書等による発音チェックの有無　（ 有 ・ 無 ）

自分で気づいた誤り　（　　　　　　　）箇所

具体的な誤りの内容：

解答や授業で認識した誤り　（　　　　　　　）箇所

具体的な誤りの内容：
（例：過去のことを現在形で話した）

今回の Speaking で学んだ語や表現

次回の Speaking 時に気を付けようと思った項目：

Speaking 作業時にもっと学習が必要と感じたことや成長を感じたこと：
（例：もっと単語を覚える）

5-41 プレゼンテーション準備シート\textcircled{A}　I

♠ プレゼンテーションを成功に導くために以下の考察を行いましょう

何を伝えたいのか（発表の目的とテーマ）

誰に話すのか（聴衆は誰か？）

話す環境（部屋の大きさや設備）

大きさ：

設備：　OHC ／ PC ／ プロジェクター ／ スクリーン ／ マグネット

主張を裏付ける資料やウエブサイト

書籍情報／ウェブサイトアドレス：

発表の条件

発表制限時間：　　　　　　　　分

発表形式：　暗唱 ／ 音読

資料配布：　要 ／ 不要

配布資料印刷法：　自己責任 ／ 担当教官に提出

発表原稿の提出：　要 ／ 不要

その他：（グループ発表か個人発表か／アンケート調査等）

5　英語スキル別学習シート：内省　　iii　オーラルスキルのシート

5-42　プレゼンテーション準備シート⑧　I

♥実施日（　　　年　　　月　　　日）

テーマ：

	チェック項目（13-15には自分で試みたオリジナルな項目を記入しましょう）	
1	●十分に発表内容に関する資料を読んだ	はい ・ いいえ
2	●発表内容について十分に背景調査をおこなった	はい ・ いいえ
3	●入念に発表の構成を考えた	はい ・ いいえ
4	●英文原稿を入念にチェックした	はい ・ いいえ
5	●発表内容が聞き取りやすい表現の工夫をした	はい ・ いいえ
6	●他人が書いた表現や文を使用していない	はい ・ いいえ
7	●映像や統計の出典を明示した	はい ・ いいえ
8	●与えられた時間内に発表する練習をした	はい ・ いいえ
9	●事前に音声練習を十分に行った	はい ・ いいえ
10	●資料の見やすさを配慮した	はい ・ いいえ
11	●声の大きさや体の動きをイメージして練習した	はい ・ いいえ
12	●聴衆の立場になって準備した	はい ・ いいえ
13		はい ・ いいえ
14		はい ・ いいえ
15		はい ・ いいえ

発表後の感想

よかった点：（クラスメイトのコメント等）

反省した点や次回に試みたいこと：（クラスメイトのコメントやクラスメートのプレゼンから学んだこと）

5-43 プレゼンテーション準備シート© Ⅰ

♣ Date:_____ No._____ Name:_____

Title:

5 英語スキル別学習シート：内省　　iii　オーラルスキルのシート

★原稿を完成させたら以下の点を確認しましょう。

①発表テーマと合致しているか確認する　（ ○ ／ × ）

②音読して所定時間内に発表できるか確認する　（ ○ ／ × ）

③容易に理解できる語彙や構文になっているか確認する　（ ○ ／ × ）

④音読する際の区切りを確認する　（ ○ ／ × ）

⑤イントネーションを強くする箇所を確認する　（ ○ ／ × ）

⑥文法の誤りがないか確認する　（ ○ ／ × ）

5-44 プレゼンテーション準備シート④ Ⅱ

◆プレゼンテーションを成功に導くために以下の考察を行いましょう

何を伝えたいのか（発表の目的とテーマ）

誰に話すのか（聴衆は誰か？）

話す環境（部屋の大きさや設備）

大きさ：

設備： OHC ／ PC ／ プロジェクター ／ スクリーン ／ マグネット

主張を裏付ける資料やウェブサイト

書籍情報 ／ ウェブサイトアドレス：

発表の条件

発表制限時間：　　　　　　分

発表形式： 暗唱 ／ 音読

資料配布： 要 ／ 不要

配布資料印刷法： 自己責任 ／ 担当教官に提出

発表原稿の提出： 要 ／ 不要

その他：（グループ発表か個人発表か／アンケート調査等）

5 英語スキル別学習シート：内省 iii オーラルスキルのシート

5-45 プレゼンテーション準備シート⑧ Ⅱ

♠実施日（ 年 月 日）

テーマ：

	チェック項目（13-15には自分で試みたオリジナルな項目を記入しましょう）	
1	●十分に発表内容に関する資料を読んだ	はい ・ いいえ
2	●発表内容について十分に背景調査をおこなった	はい ・ いいえ
3	●入念に発表の構成を考えた	はい ・ いいえ
4	●英文原稿を入念にチェックした	はい ・ いいえ
5	●発表内容が聞き取りやすい表現の工夫をした	はい ・ いいえ
6	●他人が書いた表現や文を使用していない	はい ・ いいえ
7	●映像や統計の出典を明示した	はい ・ いいえ
8	●与えられた時間内に発表する練習をした	はい ・ いいえ
9	●事前に音声練習を十分に行った	はい ・ いいえ
10	●資料の見やすさを配慮した	はい ・ いいえ
11	●声の大きさや体の動きをイメージして練習した	はい ・ いいえ
12	●聴衆の立場になって準備した	はい ・ いいえ
13		はい ・ いいえ
14		はい ・ いいえ
15		はい ・ いいえ

発表後の感想

よかった点：（クラスメイトのコメント等）

反省した点や次回に試みたいこと：（クラスメイトのコメントやクラスメイトのプレゼンから学んだこと）

5-46 プレゼンテーション準備シートⒸ　Ⅱ

♥ Date:_____ No._____ Name:_____

Title:

5 英語スキル別学習シート：内省　　iii　オーラルスキルのシート

★原稿を完成させたら以下の点を確認しましょう。

①発表テーマと合致しているか確認する　（○／×）

②音読して所定時間内に発表できるか確認する　（○／×）

③容易に理解できる語彙や構文になっているか確認する　（○／×）

④音読する際の区切りを確認する　（○／×）

⑤イントネーションを強くする箇所を確認する　（○／×）

⑥文法の誤りがないか確認する　（○／×）

5-47 プレゼンテーション準備シート④　Ⅲ

♣プレゼンテーションを成功に導くために以下の考察を行いましょう

何を伝えたいのか（発表の目的とテーマ）

誰に話すのか（聴衆は誰か？）

話す環境（部屋の大きさや設備）

大きさ：

設備：　OHC ／ PC ／ プロジェクター ／ スクリーン ／ マグネット

主張を裏付ける資料やウエブサイト

書籍情報 ／ ウェブサイトアドレス：

発表の条件

発表制限時間：　　　　　　　　分

発表形式：　暗唱 ／ 音読

資料配布：　要 ／ 不要

配布資料印刷法：　自己責任 ／ 担当教官に提出

発表原稿の提出：　要 ／ 不要

その他：（グループ発表か個人発表か／アンケート調査等）

5 英語スキル別学習シート：内省　　iii　オーラルスキルのシート

5-48　プレゼンテーション準備シート⑧　Ⅲ

◆実施日（　　　　　年　　　　月　　　　日）

テーマ：

	チェック項目（13-15には自分で試みたオリジナルな項目を記入しましょう）	
1	●十分に発表内容に関する資料を読んだ	はい ・ いいえ
2	●発表内容について十分に背景調査をおこなった	はい ・ いいえ
3	●入念に発表の構成を考えた	はい ・ いいえ
4	●英文原稿を入念にチェックした	はい ・ いいえ
5	●発表内容が聞き取りやすい表現の工夫をした	はい ・ いいえ
6	●他人が書いた表現や文を使用していない	はい ・ いいえ
7	●映像や統計の出典を明示した	はい ・ いいえ
8	●与えられた時間内に発表する練習をした	はい ・ いいえ
9	●事前に音声練習を十分に行った	はい ・ いいえ
10	●資料の見やすさを配慮した	はい ・ いいえ
11	●声の大きさや体の動きをイメージして練習した	はい ・ いいえ
12	●聴衆の立場になって準備した	はい ・ いいえ
13		はい ・ いいえ
14		はい ・ いいえ
15		はい ・ いいえ

発表後の感想

よかった点：（クラスメイトのコメント等）

反省した点や次回に試みたいこと：（クラスメイトのコメントやクラスメートのプレゼンから学んだこと）

5-49 プレゼンテーション準備シート© Ⅲ

♠ Date:_____ No._____ Name:_____

Title:

★原稿を完成させたら以下の点を確認しましょう。

①発表テーマと合致しているか確認する　（ ○ ／ × ）

②音読して所定時間内に発表できるか確認する　（ ○ ／ × ）

③容易に理解できる語彙や構文になっているか確認する　（ ○ ／ × ）

④音読する際の区切りを確認する　（ ○ ／ × ）

⑤イントネーションを強くする箇所を確認する　（ ○ ／ × ）

⑥文法の誤りがないか確認する　（ ○ ／ × ）

5-50 プレゼンテーション準備シートⓐ Ⅳ

♥プレゼンテーションを成功に導くために以下の考察を行いましょう

何を伝えたいのか（発表の目的とテーマ）
誰に話すのか（聴衆は誰か？）
話す環境（部屋の大きさや設備） 大きさ： 設備： OHC ／ PC ／ プロジェクター ／ スクリーン ／ マグネット
主張を裏付ける資料やウエブサイト 書籍情報 ／ ウェブサイトアドレス：
発表の条件 発表制限時間：　　　　　　分 発表形式：　暗唱 ／ 音読 資料配布：　要 ／ 不要 配布資料印刷法：　自己責任 ／ 担当教官に提出 発表原稿の提出：　要 ／ 不要
その他：（グループ発表か個人発表か／アンケート調査等）

5　英語スキル別学習シート：内省　　iii　オーラルスキルのシート

5-51　プレゼンテーション準備シート⑧　Ⅳ

♣実施日（　　　　　年　　　　月　　　　日）

テーマ：

	チェック項目（13-15には自分で試みたオリジナルな項目を記入しましょう）	
1	●十分に発表内容に関する資料を読んだ	はい ・ いいえ
2	●発表内容について十分に背景調査をおこなった	はい ・ いいえ
3	●入念に発表の構成を考えた	はい ・ いいえ
4	●英文原稿を入念にチェックした	はい ・ いいえ
5	●発表内容が聞き取りやすい表現の工夫をした	はい ・ いいえ
6	●他人が書いた表現や文を使用していない	はい ・ いいえ
7	●映像や統計の出典を明示した	はい ・ いいえ
8	●与えられた時間内に発表する練習をした	はい ・ いいえ
9	●事前に音声練習を十分に行った	はい ・ いいえ
10	●資料の見やすさを配慮した	はい ・ いいえ
11	●声の大きさや体の動きをイメージして練習した	はい ・ いいえ
12	●聴衆の立場になって準備した	はい ・ いいえ
13		はい ・ いいえ
14		はい ・ いいえ
15		はい ・ いいえ

発表後の感想

よかった点：（クラスメイトのコメント等）

反省した点や次回に試みたいこと：（クラスメイトのコメントやクラスメートのプレゼンから学んだこと）

5-52 プレゼンテーション準備シートⓒ Ⅳ

◆ Date:_____ No._____ Name:_____

Title:

★原稿を完成させたら以下の点を確認しましょう。

①発表テーマと合致しているか確認する　（○／×）

②音読して所定時間内に発表できるか確認する　（○／×）

③容易に理解できる語彙や構文になっているか確認する　（○／×）

④音読する際の区切りを確認する　（○／×）

⑤イントネーションを強くする箇所を確認する　（○／×）

⑥文法の誤りがないか確認する　（○／×）

6 社会性と意見構築のシート

- ここでは，ニュースや書物を通して社会や世界を見つめて，自分の意見や考えを構築する機会を提供します。日々，国内外の情勢に注意を払い，就職活動時に社会人として成長した姿で挑める準備を進めましょう。
- 気づいても，時がたてば忘れてしまいます。すぐに記録しておきましょう。

6-1 新聞記事記録 Ⅰ

♠新聞記事で関心を持った記事を記録しましょう

●プレゼンテーションやレポートの資料に活用しましょう。

記事掲載日： 新聞名：	記事のタイトル： 記事の要旨：	感想や意見：
記事掲載日： 新聞名：	記事のタイトル： 記事の要旨：	感想や意見：
記事掲載日： 新聞名：	記事のタイトル： 記事の要旨：	感想や意見：
記事掲載日： 新聞名：	記事のタイトル： 記事の要旨：	感想や意見：
記事掲載日 新聞名：	記事のタイトル： 記事の要旨：	感想や意見：

6　社会性と意見構築のシート

6-2　新聞記事記録　Ⅱ

♥新聞記事で関心を持った記事を記録しましょう

◉プレゼンテーションやレポートの資料に活用しましょう。

記事掲載日： 新聞名：	記事のタイトル： 記事の要旨：	感想や意見：
記事掲載日： 新聞名：	記事のタイトル： 記事の要旨：	感想や意見：
記事掲載日： 新聞名：	記事のタイトル： 記事の要旨：	感想や意見：
記事掲載日： 新聞名：	記事のタイトル： 記事の要旨：	感想や意見：
記事掲載日 新聞名：	記事のタイトル： 記事の要旨：	感想や意見：

6-3 読書記録　Ⅰ

♣読んだ本を記録しましょう

●プレゼンテーションやレポートの資料に活用しましょう。

著者： 出版年： 出版社：	本のタイトル： 要旨：	感想や意見：
著者： 出版年： 出版社：	本のタイトル： 要旨：	感想や意見：
著者： 出版年： 出版社：	本のタイトル： 要旨：	感想や意見：
著者： 出版年： 出版社：	本のタイトル： 要旨：	感想や意見：
著者： 出版年： 出版社：	本のタイトル： 要旨：	感想や意見：

6　社会性と意見構築のシート　　133

6-4 読書記録　Ⅱ

◆読んだ本を記録しましょう

◉プレゼンテーションやレポートの資料に活用しましょう。

著者： 出版年： 出版社：	本のタイトル： 要旨：	感想や意見：
著者： 出版年： 出版社：	本のタイトル： 要旨：	感想や意見：
著者： 出版年： 出版社：	本のタイトル： 要旨：	感想や意見：
著者： 出版年： 出版社：	本のタイトル： 要旨：	感想や意見：
著者： 出版年： 出版社：	本のタイトル： 要旨：	感想や意見：

7 内省と計画の
シート

● このシートは，半期を終えた時点と一年を終えた時点の二回に分けて
自分を振り返る機会を提供します。記入することで本当の自分の心の
声を聞く事ができます。反省も大いに結構！　でも，大切なことは，
反省を繰り返さないこと。前を向いて目標を再確認して進んでいきま
しょう！

7-1 半期を振り返って

♠成長したと思うことを記入しましょう！

反省だけでなく努力したことも記入しましょう	
文法力	目標達成：　出来た ・ 出来なかった
なぜ：	
Reading 力	目標達成：　出来た ・ 出来なかった
なぜ：	
Writing 力	目標達成：　出来た ・ 出来なかった
なぜ：	
Listening/ Speaking 力	目標達成度：　出来た ・ 出来なかった
なぜ：	
語彙力	目標達成：　出来た ・ 出来なかった
なぜ：	
その他	検定合格達成：　出来た ・ 出来なかった
なぜ：	

7　内省と計画のシート　137

7-2　一年を振り返って

♥成長したと思うことを記入しましょう！

反省だけでなく努力したことも記入しましょう	
文法力	目標達成：　出来た　・　出来なかった
なぜ：	
Reading 力	目標達成：　出来た　・　出来なかった
なぜ：	
Writing 力	目標達成：　出来た　・　出来なかった
なぜ：	
Listening/ Speaking 力	目標達成度：　出来た　・　出来なかった
なぜ：	
語彙力	目標達成：　出来た　・　出来なかった
なぜ：	
その他	検定合格達成：　出来た　・　出来なかった
なぜ：	

7-3 今年度の自分へ

♣反省点や努力したことへのコメント

7-4 次年度の目標　＊今年の反省を来年に活かしましょう！

8 付 録

● 夏季・冬季課題の管理や取り組み表などを有効に利用して計画的に学習してください。

8-1 夏季／冬季課題

●課題や学習内容を上の欄に記入して管理しましょう。自己目標でもかまいません。

8-2 課題取り組み計画

●学習の頻度やペースを自己宣言のために記入しましょう。

8-3 夏季／冬季課題実行確認　Ⅰ

♠課題／学習内容

（　　　）月　　　　　　　　　　　★計画を実行できた日は自分で決めた印を記入したりシールを貼りましょう

Monday	Tuesday	Wednesday	Thursday	Friday	Saturday	Sunday

（　　　）月　　　　　　　　　　　★計画を実行できた日は自分で決めた印を記入したりシールを貼りましょう

Monday	Tuesday	Wednesday	Thursday	Friday	Saturday	Sunday

学籍番号：＿＿＿＿＿＿＿＿＿＿＿　　氏名：＿＿＿＿＿＿＿＿＿＿＿＿＿＿＿

8-4 夏季／冬季課題実行確認　Ⅱ

♥課題／学習内容

（　　　）月				★計画を実行できた日は自分で決めた印を記入したりシールを貼りましょう		
Monday	Tuesday	Wednesday	Thursday	Friday	Saturday	Sunday

（　　　）月				★計画を実行できた日は自分で決めた印を記入したりシールを貼りましょう		
Monday	Tuesday	Wednesday	Thursday	Friday	Saturday	Sunday

学籍番号：＿＿＿＿＿＿＿＿＿＿＿　　氏名：＿＿＿＿＿＿＿＿＿＿＿＿＿＿＿

8 付録 145

8-5 提出用 Tweet のシート　Ⅰ

Ⅰ
提 出 日 ：＿＿＿＿＿＿＿＿＿　学部：＿＿＿＿＿＿＿＿＿＿＿

学籍番号：＿＿＿＿＿＿＿＿＿　氏名：＿＿＿＿＿＿＿＿＿＿＿

Tweet しよう！　（第　　　　週目）

＿＿＿＿＿＿＿＿＿＿＿＿＿＿＿＿＿＿＿＿＿＿＿＿＿＿＿＿＿＿＿

＿＿＿＿＿＿＿＿＿＿＿＿＿＿＿＿＿＿＿＿＿＿＿＿＿＿＿＿＿＿＿

＿＿＿＿＿＿＿＿＿＿＿＿＿＿＿＿＿＿＿＿＿＿＿＿＿＿＿＿＿＿＿

＿＿＿＿＿＿＿＿＿＿＿＿＿＿＿＿＿＿＿＿＿＿＿＿＿＿＿＿＿＿＿

＿＿＿＿＿＿＿＿＿＿＿＿＿＿＿＿＿＿＿＿＿＿＿＿＿＿＿＿＿＿＿

Ⅱ
提 出 日 ：＿＿＿＿＿＿＿＿＿　学部：＿＿＿＿＿＿＿＿＿＿＿

学籍番号：＿＿＿＿＿＿＿＿＿　氏名：＿＿＿＿＿＿＿＿＿＿＿

Tweet しよう！　（第　　　　週目）

＿＿＿＿＿＿＿＿＿＿＿＿＿＿＿＿＿＿＿＿＿＿＿＿＿＿＿＿＿＿＿

＿＿＿＿＿＿＿＿＿＿＿＿＿＿＿＿＿＿＿＿＿＿＿＿＿＿＿＿＿＿＿

＿＿＿＿＿＿＿＿＿＿＿＿＿＿＿＿＿＿＿＿＿＿＿＿＿＿＿＿＿＿＿

＿＿＿＿＿＿＿＿＿＿＿＿＿＿＿＿＿＿＿＿＿＿＿＿＿＿＿＿＿＿＿

＿＿＿＿＿＿＿＿＿＿＿＿＿＿＿＿＿＿＿＿＿＿＿＿＿＿＿＿＿＿＿

8 付録　147

8-6 提出用 Tweet のシート　Ⅱ

Ⅲ

提 出 日：＿＿＿＿＿＿＿＿＿　学部：＿＿＿＿＿＿＿＿＿＿＿＿

学籍番号：＿＿＿＿＿＿＿＿＿　氏名：＿＿＿＿＿＿＿＿＿＿＿＿

Tweet しよう！　（第　　　　　週目）

＿＿＿＿＿＿＿＿＿＿＿＿＿＿＿＿＿＿＿＿＿＿＿＿＿＿＿＿＿＿＿

＿＿＿＿＿＿＿＿＿＿＿＿＿＿＿＿＿＿＿＿＿＿＿＿＿＿＿＿＿＿＿

＿＿＿＿＿＿＿＿＿＿＿＿＿＿＿＿＿＿＿＿＿＿＿＿＿＿＿＿＿＿＿

＿＿＿＿＿＿＿＿＿＿＿＿＿＿＿＿＿＿＿＿＿＿＿＿＿＿＿＿＿＿＿

Ⅳ

提 出 日：＿＿＿＿＿＿＿＿＿　学部：＿＿＿＿＿＿＿＿＿＿＿＿

学籍番号：＿＿＿＿＿＿＿＿＿　氏名：＿＿＿＿＿＿＿＿＿＿＿＿

Tweet しよう！　（第　　　　　週目）

＿＿＿＿＿＿＿＿＿＿＿＿＿＿＿＿＿＿＿＿＿＿＿＿＿＿＿＿＿＿＿

＿＿＿＿＿＿＿＿＿＿＿＿＿＿＿＿＿＿＿＿＿＿＿＿＿＿＿＿＿＿＿

＿＿＿＿＿＿＿＿＿＿＿＿＿＿＿＿＿＿＿＿＿＿＿＿＿＿＿＿＿＿＿

＿＿＿＿＿＿＿＿＿＿＿＿＿＿＿＿＿＿＿＿＿＿＿＿＿＿＿＿＿＿＿

著者紹介
村上裕美（むらかみ・ひろみ）
関西外国語大学短期大学部准教授
専攻　認知文体論・授業学

学びのデザインノート
ＭＨ式ポートフォリオ　大学英語学習者用

2012 年 4 月 10 日　初版第 1 刷発行　（定価はカヴァーに表示してあります）

著　者　村上裕美
発行者　中西健夫
発行所　株式会社ナカニシヤ出版
☎ 606-8161　京都市左京区一乗寺木ノ本町 15 番地

	Telephone	075-723-0111
	Facsimile	075-723-0095
Website		http://www.nakanishiya.co.jp/
E-mail		iihon-ippai@nakanishiya.co.jp
	郵便振替	01030-0-13128

装幀＝白沢　正／印刷・製本＝ファインワークス
Copyright © 2012 by H. Murakami
Printed in Japan.
ISBN978-4-7795-0615-4

本書のコピー，スキャン，デジタル化等の無断複製は著作権法上の例外を除き禁じられています。本書を代行業者等の第三者に依頼してスキャンやデジタル化することはたとえ個人や家庭内での利用であっても著作権法上認められていません。

ナカニシヤ出版 ◇ 書籍のご案内

新編 大学 学びのことはじめ
初年次セミナーワークブック

佐藤智明・矢島　彰・安保克也　編

学生の間に身につけておきたいキャンパスライフ、スタディスキルズ、キャリアデザインの基礎リテラシーをしっかりカバーしたベストセラーテキスト。全ページ、提出や再構成のできる切り取りミシン目入り。留学生に優しいルビ付き。　定価 1995 円

話し合いトレーニング
伝える力・聴く力・問う力を育てる自律型対話入門

大塚裕子・森本郁代 編著

さまざまな大学での授業実践から生まれた、コミュニケーション能力を総合的に発揮するトレーニングを便利で使いやすいワークテキストに。伝える力・聴く力・問う力を育むグループワークの決定版！書き込み便利なワークシート付き　定価 1995 円

ビジネス　学びのことはじめ
ステップアップ・ワークブック

佐藤智明・田窪美葉・外島健嗣・志馬祥紀 編著

社会人として人生をしっかり歩むために必要な能力とは？本書では確実なキャリア力を身につけるために調べる力、分析する力、表現する力にポイントを置きながらビジネス・経営の基礎を学ぶ。留学生に優しいルビ付き。ミシン目有。　定価 1995 円

対話でみがくことばの力
互いの異なりを活かすグループワーク２６

宇都宮裕章 編著

子どもから大人まで幅広い年齢に対応できる対話のワークを通して、驚き、楽しみ、納得しながら「ことば」の力をみがく。参加しながらその場で書き込めるワークシート付き。いつでも、どこでも、その場で始めることができます。　定価 1995 円

理工系学生のための大学入門
アカデミック・リテラシーを学ぼう！

金田　徹・長谷川裕一 編著

キャンパスライフをエンジョイする大学生の心得を身につけアカデミック・ライティングやテクニカル・ライティング、プレゼンテーションなどのリテラシーをみがこう！

定価 1890 円

大学１年生からの コミュニケーション入門

中野美香 著

充実した議論へと読者を誘う平易なテキストと豊富なグループワーク課題を通じ企業が採用選考時に最も重視している「コミュニケーション能力」を磨く。キャリア教育に最適なコミュニケーションテキストの決定版。　定価 1995 円

大学生と大学院生のための レポート・論文の書き方［第2版］

吉田健正 著

文章の基本から論文の構成、引用の仕方まで懇切丁寧に指導する大学生・大学院生必携の書。第２版では、インターネット時代の情報検索にも対応。

定価 1575 円

大学生のキャリア発達
未来に向かって歩む

宮下一博 著

希望に満ちた人生を送るには、大学生のいま何をすればよいのか。進路・職業・人生に関するワークシートで自分の現状を知り、またキャリアに関する諸学者の理論を学び、一歩リードした就職活動をしよう。　定価 1575 円

大学生の友人関係論
友だちづくりのヒント

吉岡和子・髙橋紀子 編

友だちなんていらない？　距離感が難しい？　自分が出せない？一筋縄ではいかない友人関係を、距離・自分らしさ・居場所・役割・ひとりをキーワードに Q&A で考えてみよう。

定価 1575 円

大学生のための デザイニングキャリア

渡辺三枝子・五十嵐浩也・田中勝男・高野澤勝美 著

就活生も新入生も、本書のワークにチャレンジすれば、大学生活の宝を活かして、自分の未来がきっと開ける！大学４年間に丁寧に寄り添うワークが導く、いつだって遅くない、自分の人生と向き合う思索のススメ。　定価 2100 円

知のリテラシー　文化

葉口英子・河田　学・ウスビ・サコ編

視点を少しずらせば、みえなかった「文化」がみえてくる。マンガ、ファッション、映画、音楽から食文化、スポーツまで、身近な１０の文化を気鋭の若手論者たちが新鮮な切り口で解き明かす。レポートづくりに役立つポップカルチャー入門。　定価 2625 円

［シリーズ］メディアの未来 ❶
メディア・コミュニケーション論

池田理知子・松本健太郎 編著

メディアが大きく変容している現在、社会的に強調されているコミュニケーションとメディアの捉え方を根底から問い直し、読者を揺り動かす最新テキスト。　定価 2310 円

※表示価格は税込です。